Anneli Billina / Julia Michaelis / Marion Techmer

Deutsch üben

Redewendungen

Hueber Verlag

Cover, Rücktitel: Wohnzimmermöbel © Getty Images/iStock/Artjafara,
Tuscheskizze Frau © Getty Images/iStock/ninikas
Zeichnungen: Irmtraud Guhe, München

3. 2. 1. | Die letzten Ziffern
2024 23 22 21 20 | bezeichnen Zahl und Jahr des Druckes.
Alle Drucke dieser Auflage können, da unverändert,
nebeneinander benutzt werden.
1. Auflage

Umschlaggestaltung: Sieveking · Agentur für Kommunikation, München
Layout und Satz: Sieveking · Agentur für Kommunikation, München
Verlagsredaktion: Hannah Blumöhr-Giuri und Katharina Zurek, Hueber Verlag, München
Druck und Bindung: Firmengruppe APPL, aprinta druck GmbH, Wemding
Printed in Germany
ISBN 978–3–19–047493–6

Art. 530_26980_001_01

Inhalt

Vorwort 5

A Tierisches 6
- A1 Lauter Hasen 6
- A2 Mein Name ist Hase 6
- A3 Lauter Hühner 7
- A4 Der ganze Hühnerstall 8
- A5 Ungelegte Eier 8
- A6 Der Elefant im Porzellanladen 9
- A7 Ich mach jetzt mal die Fliege 9
- A8 Stur wie ein Esel 10
- A9 Nicht nur Lamm, Fuchs und Löwe 10
- A10 Tierisches vom Bauernhof 11
- A11 Alle Vögel sind schon da 12
- A12 Der frühe Vogel fängt den Wurm 13
- A13 Von Katzen und einem Kater 14
- A14 Einen Frosch im Hals 15
- A15 Aus die Maus 16
- A16 Da ist der Bär los 16
- A17 Allerlei Getier 17
- A18 Hummeln im Hintern 17
- A19 Lauter Schweinereien 18
- A20 Der ganze Schweinestall 18
- A21 Das Nesthäkchen zum Schluss 19

B Rund ums Geld 20
- B1 Viel Geld 20
- B2 Wenig Geld 21
- B3 Die Kassen klingeln 22
- B4 Der Groschen ist gefallen 23
- B5 Das Geld liegt auf der Straße 24

C Lauter Lebensmittel 25
- C1 Alles Wurst? 25
- C2 Noch mehr Wurst 25
- C3 Hier wird gekocht 26
- C4 Reinen Wein einschenken 27
- C5 Nur Suppe 28
- C6 Die Suppe auslöffeln 28
- C7 Lauter Grünzeug 29
- C8 Fast nur Süßes 30
- C9 Gemischter Salat 31

D Rot sehen 32
- D1 Viele Farben 32
- D2 Schwarz und weiß 33
- D3 Nicht nur schwarz 33
- D4 Blau sein und rot werden 34
- D5 Alles im grünen Bereich 34
- D6 Grünes Licht geben 35

E Von Kopf bis Fuß 36
- E1 Nicht den Kopf hängen lassen 36
- E2 Mir raucht schon der Kopf 37
- E3 Augen auf! 38
- E4 Lange Nase, spitze Ohren, große Klappe 39
- E5 Sehen, hören, riechen schmecken 40
- E6 Haare auf den Zähnen 41
- E7 Eine haarige Sache 41
- E8 Das hat Hand 42
- E9 ... und Fuß! 43
- E10 Beine brechen und auf die Arme nehmen? 44
- E11 Unter Kollegen 45
- E12 Da sind Finger im Spiel 46
- E13 Innenleben 47
- E14 Ein Blick nach hinten 48
- E15 Die Luft zum Atmen 49
- E16 Bis aufs Blut 49
- E17 Von oben bis unten 50

F Rund ums Haus 51
- F1 Aus dem Häuschen sein 51
- F2 Mit der Tür ins Haus fallen 52
- F3 Unter Dach und Fach 53
- F4 Aufs Dach steigen 53
- F5 Mit fällt die Decke auf den Kopf 54

F6 Mal den Teufel nicht an die Wand 55
F7 Noch mehr Teufel 55
F8 Zwischen Tür und Angel 56
F9 Nicht alle Tassen im Schrank haben 57
F10 Das lassen wir unter den Tisch fallen 58
F11 Locker vom Hocker 58
F12 Da fress' ich einen Besen 59

G Donnerwetter 60
G1 Windig bis stürmisch 60
G2 Sonne, Mond und Sterne 61
G3 Gut gesagt! 62
G4 Alles aus Wasser 63
G5 Luft und Liebe 64
G6 Und was soll das heißen? 65
G7 Gewitter 65
G8 Temperaturen 66
G9 Gesamtwetterlage 67

H Klar Schiff machen 68
H1 Von Schiffen und Booten 68
H2 Wenn's schiefgeht 69
H3 Von Wasser und Wellen 70
H4 Eine Flut von Redewendungen 71

I Aus der Reihe tanzen 72
I1 Von A bis Z 72
I2 Ich muss mal wohin 72
I3 Kleider machen Leute 73
I4 Immer dieser Hut 74
I5 Liebeleien 74
I6 Die Ärmel hochkrempeln 75
I7 Mir ist ein Stein vom Herzen gefallen 76
I8 Alter Schwede 77
I9 Das geht mir auf den Keks 77
I10 Auf gut Deutsch gesagt 78
I11 Reden wie ein Wasserfall 78
I12 Etwas erledigen 79
I13 Er wird sein Wort halten 80
I14 Grüße aus Norddeutschland 81
I15 Das Leben ist kein Ponyhof 82

Lösungen 83

Verzeichnis Redewendungen 87

Vorwort

Liebe Deutschlernende,

zum Erlernen einer neuen Sprache gehört nicht nur die Beherrschung der Fertigkeiten Lesen, Schreiben, Hören und Sprechen sowie der Grammatik und des Wortschatzes. Auch der richtige Gebrauch von Redewendungen ist wichtig – schließlich sind sie das Salz in der Suppe.

Solche festen Wortverbindungen darf man nicht wörtlich verstehen. Bei Redewendungen handelt es sich oft um sprachliche Bilder, die nur im übertragenen Sinn verständlich sind.

Mit *Deutsch üben* Redewendungen lernen und üben Sie die gebräuchlichsten Redewendungen des Deutschen. Sie finden in diesem Band

- abwechslungsreiche Übungen,
- authentische Kontexte und Situationen,
- wertvolle Hintergrundinformationen zu den Redewendungen,
- zahlreiche Illustrationen als Verständnishilfe,
- einen übersichtlichen Lösungsteil zur Selbstkontrolle und
- ein Verzeichnis aller vorkommenden Redewendungen mit Erklärungen.

Viel Spaß mit *Deutsch üben* Redewendungen!
Autorinnen und Verlag

Abkürzungen:

A	Varianten, die man in Österreich benutzt
etw.	etwas
jd	jemand
jdm	jemandem
jdn	jemanden

A

A Tierisches

A1 Lauter Hasen

Was bedeutet die Redewendung? Ordnen Sie zu.

1. Hier sagen sich Fuchs und Hase gute Nacht.
2. Ah, da liegt der Hase im Pfeffer.
3. Sie weiß, wie der Hase läuft.
4. Er ist ein Angsthase.
5. Mein Name ist Hase. Ich weiß von nichts.

a) Ach, das ist das Problem.
b) Sie hat viel Erfahrung und weiß, wie die Sache weitergeht.
c) Er ist sehr ängstlich.
d) Ich habe nichts mit der Sache zu tun.
e) Hier ist es sehr einsam.

1	2	3	4	5
e				

A2 Mein Name ist Hase

Sagen Sie es mit einer Redewendung.

1. Wo wir wohnen, ist es sehr abgelegen und einsam.

   Wo wir wohnen, *sagen sich Fuchs und Hase gute Nacht*.

2. Los, jetzt spring. Sei nicht so ängstlich.

   Los, jetzt spring. ____________________.

3. Er ist schon lange hier und weiß, wie es funktioniert.

   Er ist schon lange hier und ____________________.

4. Ich weiß nicht, wovon du sprichst.

   ____________________.

5. Ach so, das ist die Ursache des Ganzen.

   ____________________.

A3 Lauter Hühner

Was bedeutet die Redewendung oder das Sprichwort? Kreuzen Sie an.

1. Mit dir habe ich noch ein Hühnchen zu rupfen.
   - ○ Mit dir muss ich noch ein Huhn essen.
   - ⊗ Mit dir muss ich etwas klären, was mich schon lange nervt.
2. Da lachen ja die Hühner.
   - ○ Diese Behauptung ist ja total lächerlich.
   - ○ Schau, da gackern die Hühner.
3. Sie steht immer mit den Hühnern auf.
   - ○ Sie ist eine Frühaufsteherin.
   - ○ Sie steht immer sehr spät auf.
4. Auch ein blindes Huhn findet mal ein Korn.
   - ○ Auch dem Unfähigsten kann mit Glück mal etwas gelingen.
   - ○ Diese Behauptung trifft genau zu.
5. Ihr sitzt ja da, wie die Hühner auf der Stange.
   - ○ Ihr sitzt alle dicht nebeneinander.
   - ○ Ihr wirkt dumm, wenn ihr so dasitzt.

A4 Der ganze Hühnerstall ...

Ergänzen Sie. Achten Sie auf die korrekte Form.

wie die Hühner auf der Stange sitzen • ~~auch ein blindes Huhn findet mal ein Korn~~ • mit den Hühnern aufstehen • da lachen ja die Hühner • noch ein Hühnchen zu rupfen haben

1. Er ist wirklich kein guter Handwerker, er hat den Fehler nur durch Zufall gefunden. *Auch ein blindes Huhn findet mal ein Korn*.
2. Es gibt viel zu wenig Sitzgelegenheiten. Die Leute müssen ja ______________________________.
3. Sag deinem Bruder, dass ich mit ihm ______________________________. Sein Hund hat nämlich schon wieder die Blumen in unserem Garten gefressen.
4. Bei ihr kannst du auch sonntags um acht Uhr anrufen. Sie ______________________________.
5. Ich soll diesen Blödsinn gesagt haben? Nein, ______________________________.

A5 Ungelegte Eier

Was bedeutet die Redewendung? Ordnen Sie zu.

1. Sie behandeln ihr Baby wie ein rohes Ei.
2. Jetzt hört auf herumzulaufen, wie die aufgescheuchten Hühner.
3. Sie gleichen sich wie ein Ei dem anderen.
4. Das sind doch ungelegte Eier.
5. Er sieht aus, wie aus dem Ei gepellt.

a) Sie sehen sich total ähnlich.
b) Sie behandeln es sehr vorsichtig.
c) Die Pläne sind noch nicht offiziell.
d) Er ist wirklich sehr ordentlich angezogen.
e) Jetzt hört auf, so nervös durch die Gegend zu rennen.

1	2	3	4	5
b				

A6 Der Elefant im Porzellanladen

Was bedeutet die Redewendung? Ordnen Sie zu.

1. Er benimmt sich wie ein Elefant im Porzellanladen. [b]
2. Sie kann keiner Fliege etwas zuleide tun. [ ]
3. Komm, wir machen die Fliege. [ ]
4. Damit schlägt man zwei Fliegen mit einer Klappe. [ ]
5. Sie macht aus einer Mücke einen Elefanten. [ ]

a) Wir hauen ab.
b) Er ist taktlos gegenüber anderen.
c) Sie ist sehr gutmütig.
d) Sie macht aus einer Kleinigkeit ein großes Problem.
e) Damit erledigt man zwei Dinge auf einmal.

A7 Ich mach jetzt mal die Fliege

Was passt nicht? Streichen Sie.

1. Ich *mach/~~fang~~* jetzt mal die Fliege. Morgen muss ich sehr früh raus.
2. Wenn wir mit dem Fahrrad fahren, *finden/schlagen* wir zwei *Fliegen/Mücken* mit einer Klappe: Wir treiben Sport und machen etwas für die Umwelt.
3. Er hat mit einer Frau auf der Party etwas länger gesprochen. Seine Freundin meinte, dass er mit ihr geflirtet hatte und machte ihm eine Szene. Das ist doch wirklich kein Grund, sich so aufzuregen. Sie *macht/sieht* aus einer *Mücke/Fliege* einen Elefanten.
4. Er hat die neue Teamassistentin auf eine völlig taktlose Weise kritisiert und sich wie ein *Elefant/Känguru* im Porzellanladen *benommen/gesehen*.
5. Nie und nimmer kann ich mir vorstellen, dass er gewalttätig war. Er kann doch keiner *Fliege/Mücke* was zuleide *machen/tun*.

Info

Den Ausdruck „die Fliege machen" sagt man, wenn man gehen oder abhauen möchte. Der Ausdruck ist sehr salopp. Benutzen Sie ihn wirklich nur unter engen Freunden.

A8 Stur wie ein Esel

Was passt? Kreuzen Sie an.

1. stur wie ⊗ ein Esel ○ eine Schnecke
2. falsch wie ○ ein Häschen ○ eine Schlange
3. stumm wie ○ ein Fisch ○ ein Affe
4. sanft wie ○ ein Tiger ○ ein Lamm
5. schlau wie ○ ein Huhn ○ ein Fuchs
6. mutig wie ○ ein Löwe ○ eine Maus
7. langsam wie ○ eine Schnecke ○ ein Fisch

A9 Nicht nur Lamm, Fuchs und Löwe

Ergänzen Sie.

langsam wie eine Schnecke • ~~stur sein wie ein Esel~~ • mutig wie ein Löwe • schlau wie ein Fuchs • stumm wie ein Fisch • falsch wie eine Schlange • sanft wie ein Lamm

1. Du brauchst gar nicht zu versuchen, sie zu überreden. Wenn sie nicht will, will sie nicht. Sie kann *stur sein wie ein Esel*.
2. Ich habe noch nie gesehen, dass sie wütend ist. Sie ist immer ______________________.
3. Ich bin mir sicher, dass er den Test schafft. Er ist doch ______________________.
4. Sie war ______________________ und überquerte die Schlucht über die lange, schwankende Hängebrücke, ohne zu zögern.
5. Immer müssen wir auf Emil warten. Er ist ______________________.
6. Du solltest der Chefin nie etwas Privates erzählen. Auch wenn sie nett wirkt, sie ist ______________________.
7. Sie hat den ganzen Abend nichts gesagt, sie war ______________________.

A10 Tierisches vom Bauernhof

Was bedeutet die Redewendung? Ordnen Sie zu.

1. Im Yoga-Kurs ist er *der Hahn im Korb*.
2. Jetzt hat er *die Katze aus dem Sack gelassen* und gesagt, dass er gekündigt hat.
3. Der neue Spieler ist unser *bestes Pferd im Stall*.
4. Mit den Aktien hast du wirklich *aufs falsche Pferd gesetzt*.
5. Heute *kräht kein Hahn mehr danach*, dass er kein gutes Abitur hat.
6. Die zwei können nicht zusammenarbeiten. *Sie sind wie Hund und Katz*.
7. Als ich gestern bei meiner Chefin war, habe ich *den Stier bei den Hörnern gepackt* und nach einer Gehaltserhöhung gefragt.
8. Jetzt komm aus dem Wasser, du hast ja schon *eine Gänsehaut*!

a) Dir ist doch schon total kalt!
b) Es interessiert heute niemanden mehr, dass seine Abiturnoten nicht gut waren.
c) Ich habe in einer schwierigen Situation entschlossen gehandelt.
d) Er ist der einzige Mann im Kurs.
e) Es war die falsche Entscheidung, diese Aktien zu kaufen.
f) Jetzt hat er das Geheimnis gelüftet und uns informiert, dass er die Firma verlässt.
g) Der neue Spieler ist der beste Spieler.
h) Die beiden vertragen sich absolut nicht. Sie streiten die ganze Zeit.

1	2	3	4	5	6	7	8
d							

A11 Alle Vögel sind schon da

Was bedeutet die Redewendung oder das Sprichwort? Kreuzen Sie an. Beide Lösungen können richtig sein.

1. Der hat doch wohl einen Vogel.
   - ☒ Der spinnt doch.
   - ☒ Der ist doch ein bisschen verrückt.
2. Sie stürzten sich wie die Geier aufs Büfett.
   - ○ Sie rannten gierig zum Büfett.
   - ○ Sie rannten um die Wette zum Büfett.
3. Der Vogel ist ausgeflogen.
   - ○ Jemand ist nicht da, wo er gesucht wird.
   - ○ Jemand ist abgehauen.
4. Nachtigall, ick hör dir trapsen.
   - ○ Ich habe dich durchschaut.
   - ○ Ich weiß, was du vorhast.
5. Er ist wirklich ein Pechvogel.
   - ○ Ihm passieren immer Missgeschicke.
   - ○ Er hat Pech gehabt.
6. Eine Schwalbe macht noch keinen Sommer.
   - ○ Ein einzelnes positives Ereignis bedeutet nicht, dass alles besser wird.
   - ○ Eine Schwalbe zu sehen bedeutet nicht, dass der Sommer kommt.
7. Sie schimpft immer wie ein Rohrspatz.
   - ○ Sie schimpft immer ganz aufgeregt und laut.
   - ○ Sie hat eine sehr schöne Singstimme.
8. Der frühe Vogel fängt den Wurm.
   - ○ Wer rechtzeitig erscheint, erhält den Zuschlag.
   - ○ Je früher man sich um etwas bemüht, desto größer sind die Erfolgschancen.

Info

Das „ick“ in der Redewendung „Nachtigall, ick hör dir trapsen“ ist Berliner Dialekt und heißt „ich“. „trapsen“ ist ein umgangssprachliches, regional benutztes und nicht sehr gebräuchliches Wort für „stampfen“. Achtung! Im Berliner Dialekt benutzt man meistens Dativ statt Akkusativ („ick hör dir“ = „ich höre dich“).

A12 Der frühe Vogel fängt den Wurm

Ergänzen Sie. Achten Sie auf die korrekte Form.

der frühe Vogel fängt den Wurm • der Vogel ist ausgeflogen • Nachtigall, ick hör dir trapsen • ~~ein Pechvogel sein~~ • doch einen Vogel haben • schimpfen wie ein Rohrspatz • eine Schwalbe macht noch keinen Sommer • sich wie die Geier draufstürzen

1. Opa wurde der Geldbeutel aus der Jackentasche geklaut. Er *ist* wirklich *ein Pechvogel*.
2. „Geht ihr morgen Abend ins Kino, Papa?" „ ______________________________. Warum willst du denn allein zu Hause sein?"
3. Ich soll die Hausaufgaben noch mal machen, weil ich unordentlich geschrieben habe. Meine Lehrerin ______________________________.
4. Wenn du einen Laptop aus dem Angebot willst, musst du dich schon vor den Öffnungszeiten anstellen. Da ______________ immer alle __________________.
5. Du musst sofort beim Makler anrufen, wenn eine passende Wohnung ins Internet gestellt wird. Nur ______________________________.
6. Fahr das Auto bitte weg, denn wenn du hier vor seiner Einfahrt stehen bleibst, kommt der alte Herr sofort aus dem Haus und ______________________________.
7. Nur weil der Klub einmal gewonnen hat, steigt er noch nicht auf. ____.
8. Ich habe schon mehrmals geklingelt und niemand hat sich gemeldet. ____________________________________.

Info

Jemandem zu sagen „Du hast einen Vogel" oder „Du hast eine Meise" ist eine Beleidigung und jemandem einen Vogel zu zeigen ist die entsprechende Geste. Laut Bußgeldkatalog für Beleidigungen im Straßenverkehr gab es für diese Geste schon Strafen von 750 Euro.

A13 Von Katzen und einem Kater

Was bedeutet die Redewendung? Ordnen Sie zu.

1. Ich habe so viel gelernt und trotzdem die Prüfung vergeigt. Das ganze Lernen *war für die Katz*.
2. *Ist die Katze aus dem Haus, tanzen die Mäuse auf dem Tisch.*
3. Mann, *habe* ich *einen Kater*. Das waren gestern wohl zu viele Cocktails.
4. Das ist ja wirklich *Katzenmusik*.
5. Wenn du das im Internet bestellst, *kaufst* du ja *die Katze im Sack*.
6. Bei der Opposition herrscht nach der verlorenen Wahl großer *Katzenjammer*.
7. Zu meiner neuen Arbeit ist es nur *ein Katzensprung*.
8. Jetzt hör endlich auf, *wie die Katze um den heißen Brei herum-zuschleichen*.

a) Hör auf, drum herum zu reden und komm zur Sache.

b) Ich habe viel gelernt und die Prüfung nicht bestanden. Das ganze Lernen war umsonst.

c) Du kaufst das ja, ohne es vorher gesehen und geprüft zu haben.

d) Zu meiner neuen Arbeit ist es wirklich nicht weit.

e) Wenn niemand da ist, der die Aufsicht hat, dann macht jeder, was er will.

f) Die Musik ist fürchterlich.

g) Nach der Wahlniederlage ist bei der Opposition die Stimmung schlecht.

h) Ich habe fürchterliche Kopf-schmerzen, weil ich gestern zu viel getrunken habe.

1	2	3	4	5	6	7	8
b							

Info

Wenn man eine Prüfung vergeigt, schafft man sie nicht.
Wenn die Stimmung schlecht ist, kann man sagen, dass die Stimmung im Keller ist.
Man kann nicht nur wie eine Katze um den heißen Brei herumschleichen. Man kann auch um den heißen Brei herumreden.

A14 Einen Frosch im Hals

Wie lautet die Redewendung? Kreuzen Sie an. Die Bedeutung finden Sie rechts.

1. Er hat ... im Hals. (Er muss sich räuspern, bevor er sprechen kann.)
   - ☒ einen Frosch
   - ○ eine Kröte
2. Sie schläft immer wie ... (Sie schläft fest und lange.)
   - ○ ein Faultier.
   - ○ ein Murmeltier.
3. Er ist ... der Familie. (Er fällt unangenehm auf.)
   - ○ das schwarze Schaf
   - ○ die lila Kuh
4. Sie hat ... im Bauch. (Sie ist verliebt.)
   - ○ Kätzchen
   - ○ Schmetterlinge
5. Er ist bekannt wie ... (Er ist überall bekannt.)
   - ○ ein bunter Hund.
   - ○ Schmetterlinge.
6. Ich komme nicht mit. Ich habe keinen ... (Ich habe keine Lust.)
   - ○ Bock.
   - ○ Hund.
7. Ist dir ... über die Leber gelaufen? (Hast du schlechte Laune?)
   - ○ ein Käfer
   - ○ eine Laus
8. Er hat sich um 100 Euro verrechnet. Das ist ... (ein schwerer Fehler)
   - ○ ein dicker Hund.
   - ○ eine dicke Katze.

Info

„Keinen Bock haben" wird häufig von Jugendlichen und jungen Erwachsenen benutzt. Zu Ihrem Chef sollten Sie aber keinesfalls sagen: „Ich hab keinen Bock", wenn Sie etwas nicht erledigen wollen. Übrigens heißen männliche Schafe und Ziegen Böcke.

A15 Aus die Maus

Was bedeutet die Redewendung? Ordnen Sie zu.

1. Aus die Maus. [b]
2. Er fühlt sich pudelwohl. [ ]
3. Jetzt mach die Pferde nicht scheu. [ ]
4. Dieses Affentheater mache ich nicht mehr mit. [ ]
5. Ich habe keine Lust, Schlange zu stehen. [ ]

a) Diesen Unsinn mache ich nicht länger mit.
~~b)~~ Jetzt ist aber Schluss.
c) Ich mag mich nicht anstellen.
d) Jetzt bring hier keine unnötige Unruhe rein.
e) Er fühlt sich sehr wohl.

A16 Da ist der Bär los

Ergänzen Sie.

da ist der Bär los • ~~mit jemanden spinnefeind sein~~ •
das kann kein Schwein lesen (2-mal) • da steppt der Bär

1. *Mit jemandem spinnefeind sein* bedeutet, mit jemandem sehr verfeindet zu sein. Die Redewendung kommt vom Verhalten mancher Spinnenarten, bei denen die Weibchen die Männchen fressen.

2. Wenn etwas so unleserlich ist, dass man es nicht lesen kann, sagt man: ______________________________. Die Redewendung kommt von einer Familie namens „Swyn", die im 17. Jahrhundert in Norddeutschland lebte. Da die meisten Bauern damals nicht lesen konnten, ging man zu den Swyns, um sich von ihnen Briefe vorlesen zu lassen. Wenn aber selbst die Swyns etwas nicht lesen konnten, sagte man: „Dat kann keen Swyn lesen!". Und da „Swyn" das plattdeutsche Wort für „Schwein" ist, sagt man heute: ______________________________.

3. Wenn bei einem Fest die Stimmung gut ist, sagt man: ______________________________. Die Redewendung kommt daher, dass im Mittelalter immer viel los war, wenn es einen Jahrmarkt gab oder ein Wanderzirkus in der Stadt war. Dort gab es dann oft Bären, die Kunststücke vorführten. Da man die Bären auch zu Musik tanzen ließ, entstand auch die Redewendung: ______________________________.

Allerlei Getier

Was bedeutet die Redewendung? Ordnen Sie zu.

1. Wer hat ihm denn den Floh ins Ohr gesetzt?
2. Da ist der Wurm drin.
3. Er lebt wie die Made im Speck.
4. Sie hat Hummeln im Hintern.
5. Jetzt würde ich gern Mäuschen spielen.

a) Sie kann nicht still sitzen.

b) Das ist nicht so, wie es sein soll.

c) Er lebt im Überfluss.

d) Das würde ich jetzt gern heimlich beobachten.

e) Wer hat in ihm denn diesen Wunsch geweckt?

1	2	3	4	5
e				

Hummeln im Hintern

Was passt nicht? Streichen Sie.

1. Er zappelt im Unterricht die ganze Zeit auf dem Stuhl rum.
   Er hat *~~Bienen~~/Hummeln* im Hintern.
2. Seit ihrer Gehaltserhöhung lebt sie wie die Made im *Speck/Schinken*.
3. Wenn der Papst Regierungschefs trifft, möchte man als Journalist gern *Mäuschen/Wurm* spielen.
4. Bei dem Bauteil *schläft/ist* der Wurm drin. Es gibt immer wieder Fehlermeldungen aus unerklärlichen Gründen.
5. Er will nach dem Abi unbedingt ein halbes Jahr in Australien herumreisen.
   Sein Freund hat ihm den Floh ins Ohr *gesetzt/gepustet*.

A19 Lauter Schweinereien

Was bedeutet die Redewendung? Ordnen Sie zu.

1. Da habe ich echt Schwein gehabt.	c	a)	Niemand ruft mich an.
2. Er fährt wie eine gesengte Sau.		b)	Das kostet sehr viel Geld.
3. Kein Schwein ruft mich an.		~~c)~~	Da hatte ich Glück.
4. Das kostet ein Schweinegeld.		d)	Sie haben wild gefeiert.
5. Sie haben die Sau rausgelassen.		e)	Er fährt zu schnell.

A20 Der ganze Schweinestall

Ergänzen Sie. Achten Sie auf die korrekte Form.

die Sau rauslassen • ein Schweinegeld kosten • Schwein haben •
fahren wie eine gesengte Sau • ~~kein Schwein~~

1. Es ärgert mich. Nach der Party hat mir *kein Schwein* beim Aufräumen geholfen.
2. Ich ______________________, dass der Kontrolleur vor mir ausgestiegen ist. Ich habe nämlich vergessen, den Fahrschein zu stempeln.
3. Unsere Heizung ist kaputtgegangen und wir brauchen leider eine neue. Das ______________________.
4. Wir haben bei der Party ganz schön ______________________. Wir haben echt zu viel getrunken und bis in den Morgen wild getanzt.
5. Er braucht gar nicht zu jammern, dass ihm der Führerschein abgenommen wurde. Wir wissen alle, dass er immer ______________________.

Info

Zu sagen „Du fährst wie eine gesengte Sau“ ist derb. Alternativ kann man den Ausdruck „Du fährst mit einem Affenzahn“ verwenden, der ebenfalls bedeutet, dass jemand zu schnell fährt. Die Ausdrücke „die Sau rauslassen“, „ein Schweinegeld kosten“, „Schwein haben“ sowie „kein Schwein“, im Sinne von niemand, sind sehr umgangssprachlich.

A21 Das Nesthäkchen zum Schluss

Wie lautet die Redewendung? Kreuzen Sie an. Die Bedeutung finden Sie rechts.

1. Sein kleiner Bruder ist ein verwöhntes .... (Er ist das verwöhnte, jüngste Kind der Familie.)
   - ☒ Nesthäkchen.
   - ○ Mäuschen.
2. Sie sind so lieblos zu ihren Kindern. Sie sind wirklich echte ... (Sie haben kein Herz für ihre Kinder und vernachlässigen sie.)
   - ○ Elefanteneltern.
   - ○ Rabeneltern.
3. Er ist in der Firma ... (Er hat eine Führungsposition.)
   - ○ ein faules Tier.
   - ○ ein hohes Tier.
4. Sein Verhalten geht auf ... (Sein Verhalten geht zu weit.)
   - ○ keine Kuhhaut.
   - ○ keinen Schmetterling.
5. Weiß ... wo ich das hingelegt habe. (Ich weiß absolut nicht, wo ich das hingelegt habe.)
   - ○ der bunte Hund,
   - ○ der Geier,
6. Du gehst mit deinem E-Bike ja ab wie ... (Du fährst total schnell.)
   - ○ eine Schnecke.
   - ○ Schmidts Katze.

Info

Die Redewendung „das geht auf keine Kuhhaut" gab es schon im Mittelalter. Damals schrieb man noch auf Pergament, was ursprünglich Tierhaut war. Man glaubte, dass der Teufel alle schlechten Taten jedes Menschen aufschrieb. Wenn es so viel Negatives gab, dass es nicht auf eine Kuhhaut passte, dann waren es viel zu viel schlechte Taten. Einen Herrn Schmidt, der eine Katze hatte, gab es nicht. Die Redewendung geht vielmehr auf den alten Beruf des Hufschmieds zurück. Schmiede hatten in ihren Werkstätten oft Katzen, wegen der vielen Mäuse. Wenn ein Schmied mit seinem Werkzeug plötzlich laut wurde oder Funken flogen, dann rannten diese natürlich ganz schnell davon.

B Rund ums Geld

B1 Viel Geld

Was bedeutet die Redewendung? Ordnen Sie zu.

1. Er fährt einen Jaguar. Er muss *Geld wie Heu haben*. ☐
2. Sie ist eine bekannte Influencerin und verdient einen *Haufen Geld* mit ihren Videos. ☐
3. Er *lebt* wirklich *auf großem Fuß*. ☐
4. Seit sie im Lotto gewonnen hat, *schwimmt* sie *im Geld*. ☐
5. Bevor er verreisen kann, muss er erst mal *Kohle machen*. ☐
6. Er hat vier Villen, drei Porsche und zwei Yachten. Er *lebt in Saus und Braus*. ☐
7. Für die neue Küche haben wir *tief in die Tasche gegriffen*. ☐
8. Er *verdient* sich mit Immobilien *eine goldene Nase*. ☐
9. Eine Badrenovierung *geht* richtig *ins Geld*. ☐

a) Er gibt viel Geld aus.
b) Er ist sehr reich.
c) Er muss erst Geld verdienen, bevor er Urlaub machen kann.
d) Er macht großen Gewinn.
e) Sie verdient sehr viel Geld.
f) Er führt ein Luxusleben.
g) Dafür haben wir viel Geld ausgegeben.
h) Das kostet sehr viel.
i) Sie ist unglaublich reich.

Info

Umgangssprachlich sagt man zu Geld auch: Cash, Kohle, Knete, Kröten, Schotter/Kies sowie Mäuse. Zu viel Geld sagt man: ein Haufen Geld, eine Stange Geld oder Geld wie Heu (A: wie Mist).

B2 Wenig Geld

Was bedeutet die Redewendung oder das Sprichwort? Kreuzen Sie an. Beide Lösungen können richtig sein.

1. Er ist arm wie eine Kirchenmaus.
   - ☒ Er ist sehr arm.
   - ○ Er ist hungrig.
2. Das habe ich für 'n Appel und 'n Ei gekauft.
   - ○ Ich habe es gegen einen Apfel und ein Ei getauscht.
   - ○ Das war total billig.
3. Wir müssen etwas kürzertreten, da wir eine kleine Wohnung gekauft haben.
   - ○ Wir können in der kleinen Wohnung nur kleine Schritte machen.
   - ○ Wir müssen jetzt sparen.
4. Wir sitzen auf dem Trockenen.
   - ○ Wir haben kein Geld mehr.
   - ○ Wir sitzen vor leeren Gläsern und haben nichts zu trinken.
5. Obwohl er studiert hat, lebt er von der Hand in den Mund.
   - ○ Er muss sein ganzes Geld für das normale Leben ausgeben.
   - ○ Er kann nichts sparen.
6. Er ist jetzt arbeitslos, deshalb muss er den Gürtel enger schnallen.
   - ○ Er kann jetzt nicht mehr so oft essen gehen und in den Urlaub fahren.
   - ○ Er hat abgenommen und seine Hosen passen ihm nicht mehr.
7. Ich bin gerade knapp bei Kasse.
   - ○ Ich habe gerade wenig Geld.
   - ○ Ich habe gar kein Geld mehr auf meinem Konto.
8. Das Wasser steht ihm bis zum Hals.
   - ○ Er hat große finanzielle Schwierigkeiten.
   - ○ Er kann nicht schwimmen und steht im Schwimmbecken.
9. Das kann doch nicht die Welt kosten.
   - ○ Das kann nicht viel kosten.
   - ○ Das kann doch nicht so teuer sein.

Info

Die gebräuchliche umgangssprachliche Redewendung „für 'n Appel und 'n Ei" kommt aus dem niederdeutschen Dialekt und heißt auf Hochdeutsch: „für einen Apfel und ein Ei".

B3 Die Kassen klingeln

Ergänzen Sie. Achten Sie auf die korrekte Form.

reißen • ~~klingeln~~ • knapp • bitten • legen

1. Jetzt an Weihnachten *klingeln* die Kassen. So viel Umsatz machen wir das ganze Jahr nicht.
2. Es hat mich total geärgert, dass uns der Handwerker für diese Arbeit zur Kasse *geb*______ hat. So eine Kleinigkeit sollte er nicht in Rechnung stellen.
3. Die letzte Autoreparatur hat ein tiefes Loch in unsere Kasse *ger*______. Wir sind jetzt echt *k*______ bei Kasse und können leider nicht mit euch in Urlaub fahren.
4. Solange unsere beiden Kinder studieren, schaffen wir es nicht, etwas auf die hohe Kante zu *l*______. Erst wenn der Erste sein eigenes Geld verdient, können wir wieder etwas sparen.

Info

Im Mittelalter konnte man Erspartes nicht zur Bank bringen, sondern man musste es zu Hause verstecken. Beliebte Verstecke waren deshalb geheime Fächer in Möbeln. Auch am oberen Balken des Himmelbetts, der hohen Kante, gab es häufig Geheimfächer, die man nicht so leicht öffnen konnte. So entstand die Redewendung „etwas auf die hohe Kante legen“ für „etwas sparen“.
Die Redewendung „da klingelt die Kasse / da klingeln die Kassen“ kommt daher, dass die Kassen früher beim Öffnen klingelten.

B4 Der Groschen ist gefallen

Wie lautet die Redewendung? Kreuzen Sie an. Beide Lösungen können richtig sein. Die Bedeutung finden Sie rechts.

1. Na endlich, der ... ist gefallen. (Jemand begreift endlich etwas.)
   - ○ Cent
   - ⊗ Groschen
2. Wir müssen ihm leider immer noch finanziell ... greifen. (Wir müssen ihn leider immer noch finanziell unterstützen.)
   - ○ unter die Arme
   - ○ in den Geldbeutel
3. Passt auf, der zieht euch das Geld aus ... (Er stellt zu hohe/überhöhte Rechnungen.)
   - ○ dem Sparschwein.
   - ○ der Tasche.
4. Er verdient ... (Er hat ein hohes Gehalt.)
   - ○ eine Stange Geld.
   - ○ ein Schweinegeld.
5. Geld regiert ... (Wer viel Geld hat, hat auch Macht und Einfluss.)
   - ○ die Welt.
   - ○ den Planeten.
6. Geld ... nicht. (Es ist egal, woher Geld kommt oder womit man es verdient hat.)
   - ○ stinkt
   - ○ riecht

Info

Der Ausdruck „eine Stange Geld" ist entstanden, da die Geschäfte von der Bank die Münzen in einer Rolle aus Papier bekommen. Diese Rollen sehen wie Stangen aus. Verdient man eine Stange Geld, ist das Gehalt besonders hoch.
Die Redewendung „Geld stinkt nicht" kommt aus dem alten Rom. Unter Kaiser Vespasian mussten die Bürger für jeden Besuch der Toilette eine „Urinsteuer" bezahlen. Sein Sohn kritisierte ihn für diese Steuer. Er fand sie ungerecht. Der Kaiser hielt ihm daraufhin das Geld unter die Nase und fragte ihn, ob denn das Geld stinken würde. Das Geld stank natürlich nicht. Der Kaiser wollte seinem Sohn damit sagen, dass es egal ist, wo das Geld herkommt.

B5 Das Geld liegt auf der Straße

Wie geht es weiter? Ordnen Sie die Dialogteile zu.

1. Mit diesen Videos verdient er so viel Geld? *Das Geld liegt* hier wirklich *auf der Straße*!
2. Diese teuren Turnschuhe kaufe ich dir nicht. Ich *werfe das Geld* doch nicht *zum Fenster raus*!
3. Wenn ihr dieses Haus renovieren wollt, müsst ihr sehr viel *Geld in die Hand nehmen*.
4. Ich möchte Opas Briefmarkensammlung *zu Geld machen*.
5. Kann es sein, dass der Mann da drüben gerade *die Zeche geprellt hat*?
6. Unser Start-up-Unternehmen *schreibt* schon jetzt *schwarze Zahlen*.
7. Die Firma *schreibt* schon länger *rote Zahlen*.

a) Mama, bitte. Ich zahl auch was dazu.

b) Weißt du denn, wie viel die Sammlung wert ist?

c) Ja, ich glaube auch, dass er gegangen ist, ohne zu bezahlen.

d) Das ist kein einfach verdientes Geld. Erfolgreiche Video-Blogger brauchen 100 000 Klicks am Tag. Das ist viel Arbeit.

e) Ja, das wird teuer. Aber wir wollen nicht neu bauen.

f) Oh je. Ich hoffe der Firma geht es bald wieder besser. Nicht, dass du noch deine Arbeit verlierst.

g) Eure Geschäftsidee ist auch wirklich super!

1	2	3	4	5	6	7
d						

Info

Am alten Rathaus in Regensburg gibt es ein Fenster, an dem sich der Kaiser häufig seinem Volk zeigte, um bejubelt zu werden. Aus diesem Fenster warf der Kaiser auch regelmäßig den Armen Münzen zu. Da dieses Geld aus den Steuerzahlungen der Bürger stammte, sagten diese: „Er wirft unser Geld zum Fenster hinaus." Man vermutet deshalb, dass die Redewendung „Geld zum Fenster hinauswerfen" zu jener Zeit in Regensburg entstand.

C Lauter Lebensmittel

C1 Alles Wurst?

Was bedeutet die Redewendung? Ordnen Sie zu.

1. Eva *spielt* mal wieder *die beleidigte Leberwurst*, obwohl Hans nur fünf Minuten zu spät gekommen ist.
2. *Es ging um die Wurst*! Die zwei schnellsten Läufer haben alles gegeben.
3. *Mir ist es wurscht*, ob du das Auto heute oder morgen abholst.
4. Isst Felix ein Marmeladenbrot? Immer *bekommt* er *eine Extrawurst*! Kann er nicht Nudeln essen, wie wir alle?
5. Leo wollte seinen besten Trick anwenden, aber der Torwart hat *den Braten gerochen* und den Ball gehalten.

a) Felix' Vater ärgert sich, dass sein Sohn bevorzugt behandelt wird.

b) Sie ist sauer und spricht kein Wort mit ihm.

c) Sie strengten sich beide an, da sie unbedingt gewinnen wollten.

d) Er ahnte, wohin der Schuss gehen wird.

e) Es ist mir absolut egal, wann du den Wagen abholst.

1	2	3	4	5
b				

C2 Noch mehr Wurst

Sagen Sie es mit einer Redewendung. Achten Sie auf die korrekte Form.

Hier geht es um die Wurst • ~~Das ist mir wurscht~~ • eine Extrawurst bekommen • beleidigte Leberwurst spielen • den Braten riechen

1. Das ist mir egal. *Das ist mir wurscht*!
2. Jeder will den Pokal gewinnen. ______________________.
3. Er wird mal wieder bevorzugt behandelt.

   Er __________ mal wieder ______________________.
4. Er hat geahnt, dass etwas Unangenehmes passieren wird.

   Er hat ______________________.
5. Sie ist noch immer beleidigt.

   Sie __________ noch immer die ______________________.

Info

In der Redewendung „Das ist mir wurscht!“ sagt man „Wurscht“ statt „Wurst“.

C

C3 Hier wird gekocht

Was bedeutet die Redewendung oder das Sprichwort? Kreuzen Sie an.

1. Viele Köche verderben den Brei.
   - ○ Je mehr Leute an einem Projekt arbeiten, desto besser wird das Ergebnis.
   - ⊗ Wenn zu viele Leute an einer Aufgabe arbeiten, schadet es dem Ergebnis.
2. Katja kocht vor Wut.
   - ○ Sie kocht sich erst mal einen Tee.
   - ○ Sie ist sehr wütend.
3. Sie hat den ganzen Abend um den heißen Brei herumgeredet.
   - ○ Weil das Essen viel zu heiß war, musste sie den ganzen Abend reden.
   - ○ Sie hat das Wichtigste nicht gesagt.
4. Ich möchte die Praktikantin nicht in die Pfanne hauen.
   - ○ Ich werde dem Chef nicht sagen, dass die Praktikantin Fehler in ihrem Bericht hat.
   - ○ Ich muss dem Chef sagen, dass sie im Bericht vieles vergessen hat.
5. Das war doch klar wie Kloßbrühe!
   - ○ Es war schon vorher klar, dass das passieren wird.
   - ○ In der Suppe waren Klöße.
6. Hier zieht es wie Hechtsuppe.
   - ○ Es gibt Fischsuppe.
   - ○ Mach bitte das Fenster zu. Hier zieht's.
7. Das ist doch alles Käse!
   - ○ Rede doch nicht so einen Unsinn!
   - ○ Es gibt nur Wurst.
8. Er gibt wirklich überall seinen Senf dazu!
   - ○ Er gibt wirklich zu allem einen Kommentar ab!
   - ○ Er mag Wurst nur mit Senf.

C4 Reinen Wein einschenken

Ergänzen Sie.

Da wird auch nur mit Wasser gekocht! • bleiben, wo der Pfeffer wächst • ~~Tee trinken~~ • reinen Wein • Das ist nicht mein Bier! • Alles in Butter!

1. Es ist noch nicht sicher, wie die Sache ausgehen wird. Wenn jemand deswegen nervös wird, sagt man „Abwarten und *Tee trinken*", um ihn zu beruhigen und auszudrücken, dass er noch etwas Geduld haben muss.
2. Wenn man jemanden weit weg wünscht, soll er ______________________________ ____________. Die Redewendung bezieht sich auf das Herkunftsland des Pfeffers, Indien, das für die Menschen früher in unerreichbarer Ferne lag.
3. ______________________________ sagt man, wenn man mit etwas nichts zu tun haben möchte, weil es das Problem des anderen ist. In dieser Redewendung ist wohl nicht das Bier, sondern die Birne gemeint. In verschiedenen deutschen Dialekten ist „Bier", „Beär" oder „Beer" das Wort für „Birne". Hier steht „Birne" für „Sache".
4. Manchmal ist die Wahrheit nicht so angenehm. Wenn ein guter Freund dir trotzdem die ganze Wahrheit sagt, schenkt er dir ______________________ ein. Diese Redewendung kommt aus dem Mittelalter. Damals verdünnten die Gastwirte Wein oft mit Wasser. Nur wer seinen Gästen Wein ohne Wasser einschenkte, war ehrlich.
5. Wenn man ausdrücken möchte, dass jemand auch nur mit den üblichen Methoden und Mitteln arbeitet und keine besonderen Ideen hat, sagt man: _________________ ____________________________________ Ursprünglich wurde die Redewendung benutzt, um auf das Leben von ärmeren Menschen hinzuweisen. Diese konnten sich es nicht leisten, ihr Essen mit besonderen Zutaten wie Wein oder Fleischbrühe zu kochen. Stattdessen mussten sie Wasser nehmen.
6. _________________________ sagt man, wenn alles in Ordnung ist. Im Mittelalter wurde vor größeren Reisen über wertvolles Porzellan und Gläser heiße Butter gegossen. Wurde diese dann fest, war alles gut verpackt. Wenn die Pferdekarren über die holprigen Wege am Zielort ankamen, war die erste Frage: Ist noch alles in Butter?

C5 Nur Suppe

Was bedeutet die Redewendung? Ordnen Sie zu.

1. Sie sucht immer *ein Haar in der Suppe*. [b]
2. Die Umweltschützer haben der Firma *in die Suppe gespuckt*. [ ]
3. *Die Suppe* hat er *sich selbst eingebrockt*, nun muss er sie auch auslöffeln. [ ]
4. Kein einziges Tor? Wie langweilig, da fehlt doch *das Salz in der Suppe*! [ ]

a) Das Problem hat er verursacht, also muss er es auch lösen.

b) Sie denkt negativ und entdeckt immer etwas, was sie stört.

c) Tore sind das eigentlich Interessante am Spiel.

d) Die Umweltschützer haben die Baupläne der Firma verhindert. Sie haben auf dem Gelände einen geschützten Vogel entdeckt.

C6 Die Suppe auslöffeln

Lesen Sie die Situationen. Passt die Redewendung? Kreuzen Sie an.

1. Die Stimmung im Stadion ist für mich das Salz in der Suppe. Zu Hause schaue ich mir die Handballspiele nicht gerne an.
   ⊗ passt ○ passt nicht
2. Wir hatten einen tollen gemeinsamen Urlaub. Meine beste Freundin hat mir wirklich in die Suppe gespuckt.
   ○ passt ○ passt nicht
3. Hannes sucht aber auch immer ein Haar in der Suppe. Peter erzählte ihm begeistert von seinem neuen Job und den netten Kollegen. Und was machte er? Er fragte nur nach den Parkmöglichkeiten und dem Essen in der Kantine.
   ○ passt ○ passt nicht
4. Nein, ich helfe dir nicht. Du wolltest das alte Auto unbedingt haben. Nun musst du die Suppe selbst auslöffeln und die Reparatur bezahlen.
   ○ passt ○ passt nicht
5. Annas Vater ist sehr kreativ und hat viele gute Ideen. Wenn es ein Haar in der Suppe gibt, findet er es bestimmt.
   ○ passt ○ passt nicht

C7 Lauter Grünzeug

Was bedeutet die Redewendung? Ordnen Sie zu.

1. Meine Putzhilfe ist im Urlaub. Da muss ich wohl *in den sauren Apfel beißen* und selbst putzen.
2. Lennart schraubt liebend gern an alten Autos, genau wie sein Vater. *Der Apfel fällt nicht weit vom Stamm*!
3. 50 Euro mehr oder weniger Gehalt. *Das macht den Kohl doch auch nicht mehr fett*.
4. *Jetzt haben wir den Salat*! Peter hat nicht nur den Bus verpasst, sondern auch noch die Tasche mit den Unterlagen zu Hause gelassen.
5. Was für *ein Erbsenzähler*! Georg hat das Auto mit der Lupe auf Kratzer untersucht, bevor er es gekauft hat.
6. *Hast* du *Tomaten auf den Augen*? Die Schlüssel hängen doch am Schlüsselbrett.
7. Was für *eine treulose Tomate*! Gestern hat sie mir noch versichert, dass sie mich zum Bahnhof fährt, aber sie ist wieder nicht gekommen.

a) Auf das bisschen mehr oder weniger Geld kommt es auch nicht an.

b) Jetzt haben wir das Durcheinander und können ewig warten.

c) Nun muss ich die unangenehme Putzarbeit erledigen.

d) Du kannst sie doch gar nicht übersehen, sie hängen da, wo sie immer sind.

e) Man kann sich nicht auf sie verlassen.

f) Er nimmt alles sehr genau.

g) Der Junge hat genau die gleichen Interessen wie sein Vater.

1	2	3	4	5	6	7
c						

C8 Fast nur Süßes

Was bedeutet die Redewendung oder der Ausdruck? Kreuzen Sie an.

1. Die Nuss war wirklich hart zu knacken!
   - ☒ Es war ziemlich schwierig, das Problem zu lösen.
   - ○ Was mein Chef über uns gesagt hat, war ziemlich hart.
2. Hör auf, mir Honig ums Maul zu schmieren!
   - ○ Hör auf, mich mit Honigbrot zu füttern.
   - ○ Hör auf, mir so viele übertrieben nette Sachen zu sagen.
3. Die selbst gemachten Pralinen gingen weg wie warme Semmeln.
   - ○ Die Pralinen waren sehr begehrt und schnell ausverkauft.
   - ○ Keiner wollte die Pralinen haben.
4. Er wird die 5. Klasse nicht schaffen, da ist Hopfen und Malz verloren.
   - ○ Auch mit Nachhilfe und viel lernen wird er nicht in die 6. Klasse kommen.
   - ○ Mit viel Arbeit könnte er die 5. Klasse noch schaffen.
5. Sie pickt sich immer die Rosinen heraus.
   - ○ Sie weiß, dass Rosinen am besten schmecken!
   - ○ Sie sucht sich immer das Beste raus.
6. Mit ihm ist nicht gut Kirschen essen.
   - ○ Er ist sehr unfreundlich.
   - ○ Er ist gastfreundlich.

Info

„Da ist Hopfen und Malz verloren!" Diese Redewendung kommt aus der Bierbrauerei. Denn Hopfen und Malz sind die beiden wichtigsten Zutaten des Biers. Wenn beim Brauen etwas schiefging, musste man alles wegwerfen: Hopfen und Malz waren „verloren".

Die Redewendung „jemandem Honig ums Maul schmieren" kommt aus früheren Zeiten. Damals war es üblich, Bären nach Kunststücken mit Honig zu belohnen. Dieser wurde den Tieren ums Maul geschmiert.

Die Redewendung „mit jemandem ist nicht gut Kirschen essen" stammt aus Zeiten, als es Kirschbäume nur in Gärten von sehr reichen Personen gab. Diese Menschen waren manchmal so arrogant, dass sie einfachen Leuten die Kirschkerne ins Gesicht spuckten.

C9 Gemischter Salat

Wie geht es weiter? Ordnen Sie zu.

1. *Das macht den Kohl auch nicht fett*!
2. Mama, du bist die allerbeste, liebste Mama der Welt! Ich hab' dich so lieb.
3. *Da haben wir den Salat*!
4. Du musst *Tomaten auf den Augen haben*, wenn du nicht siehst, dass die zwei verliebt sind.
5. Du musst wohl *in den sauren Apfel beißen* und das unangenehme Gespräch mit deiner Chefin führen.
6. Mit Peter *war* heute *nicht gut Kirschen essen*.
7. Ist heute das Päckchen mit Omas selbst gebackenen Keksen angekommen?
8. Bei dem Hund *ist Hopfen und Malz verloren*.
9. Sie hat schon wieder das interessanteste Projekt bekommen!

a) Ich habe nicht nur den Teller fallen lassen, sondern mir auch noch in die Hand geschnitten.

b) Ja, ich habe lange genug gewartet, dass sich das Problem von alleine löst.

c) Meinst du? Das habe ich noch gar nicht bemerkt.

d) Ja, aber die sind schon alle aufgegessen. Die *gingen weg wie warme Semmeln*.

e) So oft sie auch mit ihm in die Hundeschule geht, er schafft es nicht, andere Hunde in Ruhe zu lassen.

f) Ich weiß auch nicht was los ist, er war schon gestern so unfreundlich.

g) Ja, du hast recht! Wir können auch noch die schönen Stühle zum Tisch kaufen.

h) Der Chef mag sie einfach gern. Sie darf sich immer *die Rosinen herauspicken*.

i) *Schmier mir keinen Honig ums Maul*, sondern sag mir lieber was du möchtest.

1	2	3	4	5	6	7	8	9
g								

D Rot sehen

D1 Viele Farben

Was bedeutet die Redewendung? Ordnen Sie zu.

1. Ich bin mir sicher, dass sie eine ehrliche Frau ist und *eine weiße Weste hat*.
2. Er wird nicht kommen. Da kannst du *warten, bis du schwarz wirst*.
3. Das glaube ich erst, wenn ich es *schwarz auf weiß* habe.
4. Dein Garten ist wunderschön, du *hast* wirklich *einen grünen Daumen*!
5. Vermutlich *macht* er *blau*. Ich glaube nicht, dass er krank ist.
6. Ich habe hier keine fünf Minuten mit dem Auto gestanden und habe ein Knöllchen bekommen. Ich könnte *mich schwarz ärgern*.

a) Ich brauche das schriftlich, um sicher zu sein, dass es stimmt.

b) Du bist eine tolle Gärtnerin, deine Pflanzen wachsen sehr gut.

c) Ich glaube, dass er die Schule schwänzt.

d) Ich gehe davon aus, dass sie nichts gemacht hat, was rechtlich nicht in Ordnung ist.

e) Ich ärgere mich wahnsinnig, dass ich einen Strafzettel bekommen habe.

f) Ich bin mir sicher, dass du umsonst wartest.

1	2	3	4	5	6
d					

Info

„Knöllchen" ist das umgangssprachliche Wort für „Strafzettel".
„Schule schwänzen" ist ein fester Ausdruck, wenn man absichtlich in der Schule fehlt. Man kann aber auch die Arbeit, eine Versammlung usw. schwänzen.

D2 Schwarz und weiß

Was bedeutet die Redewendung oder der Ausdruck? Kreuzen Sie an.

1. Mit deiner Bemerkung hast du wirklich ins Schwarze getroffen.
   ⊗ Du hast genau das Richtige gesagt.
   ○ Du hast etwas Negatives gesagt.

2. Ich glaube, dass es dieses Jahr weiße Weihnachten gibt.
   ○ Ich glaube, dass an Weihnachten der Mond scheint.
   ○ Ich glaube, dass an Weihnachten Schnee liegen wird.

3. Schwarzfahren in der U-Bahn ist teuer.
   ○ Ohne gültigen Fahrschein fahren ist teuer, wenn man kontrolliert wird.
   ○ Nachts ohne Licht fahren ist teuer, wenn man kontrolliert wird.

4. Sie arbeitet schwarz und hat Angst, dass eine Kontrolle kommt.
   ○ Sie arbeitet, ohne Steuern und Sozialabgaben zu bezahlen.
   ○ Sie arbeitet in der Nachtschicht.

5. Jetzt hör auf, alles grau in grau zu sehen!
   ○ Komm, wir malen die Wände bunt.
   ○ Komm, jetzt sieh doch nicht alles so negativ!

D3 Nicht nur schwarz

Was passt nicht? Streichen Sie.

1. Er arbeitet nebenher *~~grau~~/schwarz*, da sein Lohn nicht zum Leben reicht.

2. Sie macht nicht *blau/grau*. Sie ist krank.

3. Ich bin mir nicht sicher, ob er eine *graue/weiße* Weste hat. Er wirkt nur so unschuldig.

4. Sie wird sich sicher nicht entschuldigen, da kannst du warten, bis du *grün/schwarz* wirst.

5. Ich könnte mich *schwarz/gelb* ärgern. Der Handwerker ist schon wieder nicht gekommen und ich habe mir extra Urlaub genommen, um zu Hause zu sein.

D

D4 Blau sein und rot werden

Was bedeuten die Redewendungen, der Vergleich oder das Sprichwort? Ordnen Sie zu.

1. Du kannst nicht mehr fahren. Du *bist* ja total *blau*!
2. Nur der Spiegel ist kaputtgegangen? Da bist du ja noch mal *mit einem blauen Auge davon gekommen*.
3. *Sei* nicht so *blauäugig*!
4. Er wurde *rot wie eine Tomate*, als er den Preis entgegennahm.
5. *Morgenstund hat Gold im Mund.*
6. Alles *im grünen Bereich*?

a) Wer morgens früh anfängt zu arbeiten, hat mehr vom Tag.
b) Es war ihm peinlich und unangenehm, dass er so im Mittelpunkt stand und er errötete.
c) Du hast viel zu viel Alkohol getrunken, um noch Auto zu fahren.
d) Da hast du aber Glück gehabt, dass bei dem Unfall nicht mehr passiert ist.
e) Alles O. K.?
f) Sei nicht so leichtgläubig!

1	2	3	4	5	6
c					

D5 Alles im grünen Bereich

Sagen Sie es mit einer Redewendung oder einem Sprichwort.

1. Alles ist in Ordnung. Alles passt. Alles ist *im grünen Bereich*.
2. Er hat keine Ahnung und ist total weltfremd. Er ist total ______________.
3. Man beginnt am besten morgens mit der Arbeit.

   ______________________________.
4. Da hast du aber Glück im Unglück gehabt.

   Da ______________________________.
5. Sie war betrunken. Sie ______________.

Info

Sprichwörter wie „Morgenstund hat Gold im Mund“ stammen meist aus der Generation der Urgroßeltern. Sie beinhalten oft alte Weisheiten und werden immer als ganzer Satz verwendet.

D6 Grünes Licht geben

Wie lautet die Redewendung? Kreuzen Sie an. Die Bedeutung finden Sie rechts.

1. Oh Gott, du bist ja … (Du hast einen Sonnenbrand bekommen.)
   - ○ tiefschwarz.
   - ⊗ krebsrot.
2. Das Projekt kann starten. Die Geschäftsleitung hat … gegeben. (Das Projekt wurde genehmigt.)
   - ○ grünes Licht
   - ○ grünen Tee
3. Er hat Kuchen spendiert? … können wir rot im Kalender anstreichen. (Es ist ein seltenes Ereignis, das man hervorheben muss.)
   - ○ Den Tag
   - ○ Den Monat
4. Seine neue Freundin ist wirklich … (Sie ist unauffällig.)
   - ○ ein bunter Hund.
   - ○ eine graue Maus.
5. Opa erzählt immer … (Er erzählt immer ähnliche Geschichten.)
   - ○ dasselbe in Grün.
   - ○ die neuesten Ereignisse im Dorf.
6. Rede bloß nicht mit ihr über ein Tempolimit auf Autobahnen. Das ist für sie … (Sie ärgert sich darüber.)
   - ○ ein weites Feld.
   - ○ ein rotes Tuch.
7. Die Krawatte kannst du nicht zu dem Hemd tragen. Die Farben … (Die Farben passen nicht zusammen.)
   - ○ beißen sich.
   - ○ küssen sich.
8. Die Zukunft … (Die Zukunft ist nicht erfreulich.)
   - ○ sieht nicht gerade rosig aus.
   - ○ ist ein rotes Tuch.

Info

„Das Gleiche" ist nicht „dasselbe". „Das Gleiche" bedeutet, dass sich zwei unterschiedliche Sachen sehr ähnlich sind." „Dasselbe" bedeutet, dass die Dinge genau identisch sind. „Ich benutze die gleiche elektrische Zahnbürste wie meine Freundin. Wenn wir „dieselbe" Zahnbürste benutzen würden, wäre das ein bisschen eklig."

E Von Kopf bis Fuß

E1 Nicht den Kopf hängen lassen

Was bedeutet die Redewendung? Ordnen Sie zu.

panisch reagieren und den Überblick verlieren • traurig und mutlos sein • ~~die Realität nicht sehen wollen~~

1. Den Kopf …
   a) in den Sand stecken: *die Realität nicht sehen wollen*
   b) verlieren: ______________________
   c) hängen lassen: ______________________

sich etwas überlegen • etwas nicht ändern können, egal, was man tut • intensiv nachdenken

2. Sich …
   a) auf den Kopf stellen: ______________________
   b) den Kopf zerbrechen: ______________________
   c) etwas durch den Kopf gehen lassen: ______________________

angestrengt nachdenken oder lernen • jemandem seine Meinung sagen • jemanden verliebt machen

3. Jemandem …
   a) raucht der Kopf: ______________________
   b) den Kopf verdrehen: ______________________
   c) den Kopf waschen: ______________________

klug oder geschickt sein • ruhig bleiben • kompromisslos seinen Willen durchsetzen

4.
   a) Einen kühlen Kopf behalten: ______________________
   b) Mit dem Kopf durch die Wand: ______________________
   c) Nicht auf den Kopf gefallen sein: ______________________

E2 Mir raucht schon der Kopf

Welche Redewendung aus E1 passt in diesen Situationen? Ergänzen Sie hier und auf Seite 38.

1. ● Wenn meine kleine Tochter sich weh tut und weint, werde ich immer ganz panisch...
   ■ Das ist nicht gut. Gerade dann musst du *einen kühlen Kopf behalten*.
2. ● Ich denke schon tagelang darüber nach, wie ich mich am besten bei meiner Chefin entschuldigen kann. So ein dummer Fehler, den ich da gemacht habe!
   ■ Ich würde mir darüber ______________________________. Die hat das doch schon längst vergessen.
3. ● Und, möchtest du im Urlaub ans Meer oder in die Berge fahren?
   ■ Ich weiß noch nicht, das muss ich mir erst ______________________________.
4. ● Ich kann nicht mehr schlafen, ich kann nichts essen und ich kann mich auf nichts konzentrieren. Immer muss ich an Paul denken ...
   ■ Oje, du bist verliebt! Paul hat dir ______________________________!
5. ● Du musst einmal etwas gegen deine Angst vor dem Fliegen machen. Ich möchte so gern mit dir im nächsten Urlaub nach New York fliegen!
   ■ Ich werde niemals in ein Flugzeug steigen. Da kannst du dich ______________________________!
6. ● Annabel hat mich vergessen, ganz bestimmt. Kein Anruf, keine Nachricht und das schon seit zwei Tagen!
   ■ Ach was, lass ______________________________. Sie meldet sich bestimmt bald!
7. ● Gestern Abend war die Jahressitzung vom Golf-Club. Es wurde stundenlang diskutiert, weil die Vorsitzenden keine Kompromisse möchten.
   ■ Den Eindruck habe ich schon lange. Sie wollen immer ______________________________!

8. ● Schau dir dieses Chaos in der Küche an! Fritzi und sein Freund haben sich Brote gemacht und danach alles stehen und liegen lassen!
   ■ Das geht nicht. Du musst ihm heute Abend unbedingt ______________________ ______________, damit das nicht noch einmal passiert!

E3 Augen auf!

Welcher Satz hat dieselbe Bedeutung? Kreuzen Sie an.

1. Pass doch auf! Hast du *Tomaten auf den Augen*?
   - ⊗ Siehst du das nicht?
   - ○ Leg doch die Tomaten lieber in den Einkaufskorb.
2. Hast du kurz Zeit? Wir müssen dringend ein Gespräch *unter vier Augen* führen.
   - ○ Wir beide müssen uns allein unterhalten.
   - ○ Ich möchte dir in die Augen sehen.
3. Schau doch beim Gehen nicht immer auf das Handy! Das kann einmal *ins Auge gehen*.
   - ○ Es kann dein Auge verletzen.
   - ○ Dabei kann ein Unfall passieren.
4. Der Brief vom Rechtsanwalt ist gekommen. Könntest du mal *ein Auge darauf werfen* und mir sagen, was du darüber denkst?
   - ○ Könntest du dich mit dem Rechtsanwalt treffen?
   - ○ Könntest du den Brief kurz lesen?
5. Dieses Mal *drück' ich* noch *ein Auge zu*, aber das nächste Mal müssen Sie eine Strafe bezahlen, wenn Sie hier noch mal parken!
   - ○ Dieses Mal schreibe ich alles genau auf.
   - ○ Dieses eine Mal toleriere ich den Fehler noch und er hat keine Konsequenzen.
6. Ich weiß, das sind harte Zeiten für dich. Aber was hilft's? *Augen zu und durch*!
   - ○ Man muss diese schwierigen Zeiten schnell hinter sich bringen.
   - ○ Man muss in diesen schwierigen Zeiten am besten viel schlafen.
7. Gestern habe ich zufällig meinen alten Schulfreund Georg wieder getroffen. Das war richtig nett! Ich hatte ihn jahrelang *aus den Augen verloren*.
   - ○ Ich hatte jahrelang keinen Kontakt mit ihm.
   - ○ Ich hatte ihn jahrelang gesucht.

E4 Lange Nase, spitze Ohren, große Klappe

Wie geht es weiter? Ordnen Sie die Dialogteile zu.

1. Mit Heike zu diskutieren ist echt anstrengend. Sie weiß immer etwas dagegen zu sagen. [d]
2. Die nächste Woche wird so anstrengend. Wie soll ich das alles bloß alleine schaffen? [ ]
3. Die Zeitplanung von meiner Tochter ist eine Katastrophe. Sie fängt immer erst eine Woche vor der Prüfung an zu lernen! [ ]
4. Hast du Lust, mal wieder mit mir ins Kino zu gehen? [ ]
5. Schau mal, diesen Ring habe ich auf dem Flohmarkt gekauft. Er war gar nicht so teuer, obwohl er aus Gold ist! [ ]
6. Du hast aber ein hässliches Kleid an! [ ]
7. Musstest du dir wirklich diese teuren Schuhe kaufen? [ ]

a) Auch diese Woche geht vorbei. *Halt die Ohren steif* und du wirst sehen: Das ist alles gar nicht so schlimm!

b) Der ist doch nicht aus Gold, sondern aus Messing! Es tut mir leid, aber da hat dich einer *übers Ohr gehauen* ...

c) Wie charmant! Du *nimmst* auch *kein Blatt vor den Mund*, oder?

~~d)~~ Stimmt, sie ist wirklich *nicht auf den Mund gefallen*!

e) Lust ja, aber momentan *habe ich zu viel um die Ohren*. Nächste Woche gern, da habe ich mehr Zeit.

f) Das ist doch meine Sache. *Steck deine Nase* nicht immer *in* fremde Angelegenheiten!

g) Da solltest du dich *an deine eigene Nase fassen*. Wenn ich mich so an unsere Studienzeit erinnere, warst du genauso!

Info

Zum Mund sagt man auch salopp „Klappe" oder „Schnabel" (wie beim Vogel), abwertend auch „Fresse", „Maul" (wie bei einem Tier) oder „Schnauze" (wie bei einem Hund), meist im Zusammenhang mit der Aufforderung: „Sei still!" Das heißt dann derb „Halt den Mund / die Klappe / das Maul" usw. Wenn jemand das zu Ihnen sagt, dürfen Sie ruhig beleidigt reagieren!
Eine „große Klappe" hat jemand, der sagt, dass er alles kann und weiß, aber in Wirklichkeit ist „nichts dahinter": Er kann oder weiß es eigentlich nicht, er ist ein „Großmaul".

E5 Sehen, hören, riechen, schmecken

Welche Redewendung passt in diesen Situationen? Kreuzen Sie an.

1. Moritz hat eine neue Stelle, einen kleinen Sohn und muss nächsten Monat umziehen. Er hat wirklich
   ○ ein Auge darauf geworfen.
   ⊗ viel um die Ohren.
   ○ ein Blatt vor den Mund genommen.

2. Meine Kollegin und meine Chefin – ein andauernder Streit! Die beiden müssen wirklich mal
   ○ unter vier Augen miteinander sprechen.
   ○ die Ohren steifhalten.
   ○ ein Auge zudrücken.

3. Unser Praktikant wird heute einen Entwurf für den neuen Prospekt ausarbeiten. Kannst du bitte heute Abend
   ○ dich an die eigene Nase fassen?
   ○ einen kühlen Kopf behalten?
   ○ ein Auge darauf werfen?

4. Heute war wieder dieser Gast in unserem Café, der sich immer über alles beschwert. Ich musste ihn bedienen, aber zum Glück
   ○ haue ich ihn übers Ohr!
   ○ bin ich auch nicht auf den Mund gefallen!
   ○ stecke ich meine Nase überall rein!

5. In der S-Bahn war heute eine Fahrkarten-Kontrolle und ich hatte meine Monatskarte vergessen. Aber kurz bevor ich kontrolliert wurde, ist der Mann ausgestiegen!
   ○ Das hätte ins Auge gehen können!
   ○ Da habe ich ihn aus den Augen verloren.
   ○ Da heißt es: Augen zu und durch!

E6 Haare auf den Zähnen!

Was passst nicht? Steichen Sie.

1. Meiner Oma gehst du besser aus dem Weg und streitest nie mit ihr, denn das wäre wirklich schrecklich für dich! Sie hat Haare auf den *Zähnen/~~Ohren~~*.
2. Ihr sollt einen Aufsatz über das Thema schreiben, ob man in der Schule Jeans tragen darf? Wen interessiert denn so etwas? Das Thema ist wirklich an den Haaren *herbeigezogen/heruntergefallen*.
3. Ich muss meinen Flug bekommen! Kannst du nicht ein bisschen schneller fahren? Kannst du nicht einen Zahn *zubeißen/zulegen*?
4. Es war ein Fehler, Max ein neues Fahrrad zu schenken. Jetzt möchte Moritz auch immer damit fahren und die beiden streiten sich.
   ..., und die beiden *fassen/kriegen* sich in die Haare.
5. Stell dir vor, meine Nachbarin setzt ihren kleinen Sohn einfach stundenlang vor den Fernseher, weil sie ihre Ruhe haben möchte! Wenn ich sowas sehe, stehen mir die Haare *zu Berge / im Weg*.

E7 Eine haarige Sache

Was bedeuten die Redewendungen aus E6? Ordnen Sie zu.

1. einen Zahn zulegen	d	a) sich streiten
2. sich in die Haare kriegen	☐	b) aggressiv sein und gern streiten
3. die Haare stehen einem zu Berge	☐	c) etwas macht keinen Sinn und passt nicht wirklich dazu
4. Haare auf den Zähnen haben	☐	~~d)~~ schneller werden
5. an den Haaren herbeigezogen	☐	e) etwas schrecklich finden

Info

Meistens sagt man über Frauen, dass sie „Haare auf den Zähnen" haben. Normalerweise sind Männer stärker behaart. Deshalb werden Frauen, die sehr kämpferisch sind, mit diesem männlichen Attribut beschrieben. Dabei wird noch übertrieben: Haare sogar auf den Zähnen!

E8 Das hat Hand ...

Wie lautet die Redewendung? Kreuzen Sie an. Die Bedeutung finden Sie rechts.

1. Der Junge hat den Geldbeutel bestimmt nicht gestohlen. Dafür lege ich die Hand ...! (ganz sicher sein)
   - ⊗ ins Feuer
   - ○ auf den Tisch
2. Wenn du genug lernst, bestehst du die Prüfung. Du ... es in der Hand! (es liegt nur an dir)
   - ○ hast
   - ○ siehst
3. Hilf mir schnell beim Abwaschen, dann helfe ich dir bei den Hausaufgaben! Eine Hand wäscht ...! (sich gegenseitig unterstützen)
   - ○ den Fuß
   - ○ die andere
4. Das ist gemein. Ich verletze mich beim Wettlauf am Fuß und du ... dir nur die Hände, weil du gewonnen hast! (sich über das Pech oder Unglück eines anderen freuen)
   - ○ reibst
   - ○ wäschst
5. Mein Architekt ist sehr gut. Beim Hausbau lasse ich ihm ganz ... Hand. (jemand kann tun, was er will, ohne kontrolliert zu werden)
   - ○ schmutzige
   - ○ freie
6. Ich würde kein neues Auto kaufen. Eins aus ... Hand ist genauso gut. (etwas ist gebraucht, nicht neu)
   - ○ letzter
   - ○ zweiter
7. Der neue Krimi ist langweilig. Wer der Mörder ist, ... von der ersten Seite an auf der Hand. (es ist offensichtlich)
   - ○ liegt
   - ○ steht
8. Sie hat in der Firma eine tolle Karriere gemacht. Vor zwei Jahren hat sie als Praktikantin angefangen, und jetzt ist sie die ... Hand der Chefin. (der/die wichtigste Mitarbeiter/in sein)
   - ○ rechte
   - ○ schnelle

E9 … und Fuß!

Wie lautet die Redewendung? Kreuzen Sie an. Die Bedeutung finden Sie rechts.

1. Wie schnell doch die Kinder groß werden! Gerade war Ella noch in der Schule, und jetzt steht sie schon auf … Füßen! (selbstständig und unabhängig sein)
   - ⊗ eigenen
   - ○ beiden
2. Der Vortrag von Professor Müller hatte … und Fuß! (durchdacht sein)
   - ○ Hand
   - ○ Kopf
3. Was? Die Kollegen machen nicht mit beim Streik? Die haben wohl … Füße bekommen! (Angst bekommen, keinen Mut haben)
   - ○ heiße
   - ○ kalte
4. Wie geht es dir jetzt nach zwei Monaten in der neuen Stadt? Hast du schon Fuß …? (sich an etwas Neues gewöhnen, Sicherheit gewinnen)
   - ○ verloren
   - ○ gefasst
5. Jana ist manchmal so unfreundlich zu Kevin, und trotzdem … er ihr zu Füßen! (alles für jemanden machen, eine Person grenzenlos lieben)
   - ○ schläft
   - ○ liegt
6. Oliver ist schon wieder gekündigt worden. Aber ich glaube, er … wie immer auf die Füße. (ohne Schwierigkeiten weitermachen, Glück haben)
   - ○ tritt
   - ○ fällt
7. Oh, bist du jetzt beleidigt? Es tut mir leid, ich wollte dir mit meiner Kritik nicht auf die Füße …! (jemanden verärgern, nicht auf die Grenzen von jemandem aufpassen)
   - ○ treten
   - ○ helfen

E10 Beine brechen und auf die Arme nehmen?

Was bedeuten die Redewendungen? Ordnen Sie zu.

1. Du hast wirklich geglaubt, dass Annette Drillinge bekommt? Aber sie hat *dich doch nur auf den Arm genommen*! [c]
2. Wenn wir erst morgen fertig werden, *ist das* auch *kein Beinbruch*. [ ]
3. Was machst du denn für ein Gesicht! Bist du *mit dem falschen Fuß aufgestanden*? [ ]
4. Eine neue Sprache zu lernen braucht einfach Zeit. Da kannst du nichts *übers Knie brechen*. [ ]
5. Weißt du, was mit Johanna los ist? Sie hat mir den ganzen Abend *die kalte Schulter gezeigt*. [ ]
6. Du hast dieses Fest ganz alleine *auf die Beine gestellt*? Respekt! [ ]
7. Ich kann nicht alles alleine machen! Du könntest mir wirklich mal *unter die Arme greifen*! [ ]
8. Oh Mann, bist du noch nicht fertig? Du *reißt dir* bei dieser Arbeit wirklich *kein Bein aus*! [ ]
9. Die S-Bahn hat schon wieder Verspätung! Langsam *steh ich mir die Beine in den Bauch*! [ ]

a) Da kannst du nichts schnell und ohne Plan erreichen.
b) Du könntest mir wirklich mal helfen.
c) Sie hat nur einen Spaß mit dir gemacht.
d) Sie hat mich ignoriert und war nicht nett zu mir.
e) Das macht nichts.
f) Ich warte schon sehr lange!
g) Du arbeitest sehr langsam und unmotiviert!
h) Hast du schlechte Laune?
i) Du hast es ganz alleine organisiert?

E11 Unter Kollegen

Ergänzen Sie.

kriegen • Arm • ~~Zähnen~~ • Fuß • Füße • liegen • Hand • Zahn • stehen • reiben • freie • Hand • herbeigezogen • Fuß • stellen • gefallen • getreten

- Hast du schon unsere neue Chefin kennengelernt? Alle sagen, sie hätte Haare auf den *Zähnen* (1).
- Ach was, meistens sind solche Geschichten an den Haaren ____________ (2)! Ich finde sie ganz nett. Wahrscheinlich bekommen nur ein paar Kollegen kalte ________ (3), weil sie genau wissen, dass sie bei ihrer Arbeit noch einen ________ (4) zulegen könnten.
- Da könntest du Recht haben. Außerdem muss man sich ja nicht gleich mit ihr in die Haare ____________ (5).
- Ich bin zufrieden, wenn ich bei meinen Projekten ________ (6) Hand habe. Alles andere ist mir egal. Und du? Hast du in dem neuen Team schon ________ (7) gefasst?
- Es bleibt schwierig. Ich versuche gerade, ein starkes Team auf die Beine zu ____________ (8). Aber wenn du unsere Team-Besprechungen hören könntest, würden dir die Haare zu Berge ____________ (9) ...
- Warum? Das hast du als Leiter doch in der ________ (10), wie das Team funktioniert.
- Schön wär's ... Aber zum Beispiel findet Kollege Scherl es lustig, Kollegen Eberl ständig auf den ________ (11) zu nehmen. Eberl fühlt sich dann auf die Füße ____________ (12) und arbeitet nicht mehr mit. Die anderen beiden ____________ (13) sich die Hände und amüsieren sich. Und der Kollegin Thaler ____________ (14) alle zu Füßen und finden jeden Unsinn toll, den sie sagt. So sieht das meistens aus!
- Oh je! Da liegt es auf der ________ (15), dass du nicht weiterkommst.
- Ja, und nächste Woche sollen wir erste Projektvorschläge präsentieren. Aber bisher hat nichts Hand und ________ (16)!
- Ach, das wird schon gut gehen. Bisher bist du doch immer auf die Füße ____________ (17).

E12 Da sind Finger im Spiel

Was bedeutet die Redewendung? Kreuzen Sie an.

1. Ich habe schon wieder das ganze Haus geputzt und du hast *keinen Finger krumm gemacht*!
   - ☒ Du hast gar nichts gemacht.
   - ○ Du konntest nichts machen, weil dein Finger verletzt war.
2. Klara schafft es immer, die Lehrer *um den kleinen Finger* zu *wickeln*: Sie lernt nichts, aber bekommt trotzdem gute Noten!
   - ○ Sie zeigt mit ihrem kleinen Finger auf die Lehrer.
   - ○ Sie gewinnt die Lehrer mit Charme für sich und bekommt so ihren Willen.
3. Heute ist deine Führerscheinprüfung? Ich *drück' dir die Daumen*!
   - ○ Du hast noch nicht genug gelernt.
   - ○ Ich wünsche dir viel Glück.
4. Plötzlich sind auf meinem Konto 5000 Euro! Da *hat* doch sicher meine Oma *ihre Finger im Spiel*.
   - ○ Sie hat das heimlich gemacht.
   - ○ Sie hat mit dem Geld gespielt.
5. Bitte halte du die Rede zum Firmenjubiläum. Du schaffst es immer, dir etwas *aus den Fingern zu saugen*!
   - ○ Du machst für die Rede Notizen auf deine Finger.
   - ○ Dir fällt immer irgendetwas ein.
6. Du willst dein Auto selbst reparieren? Du solltest lieber *die Finger davon lassen*.
   - ○ Du kannst das sicherlich gut, weil du geschickt bist.
   - ○ Du solltest es nicht machen, weil du das nicht kannst.
7. Jetzt sitze ich schon eine Stunde im Wartezimmer, und daheim *brennt mir* die Arbeit *unter den Nägeln*!
   - ○ Ich muss dringend meine Arbeit erledigen.
   - ○ In meinem Arbeitszimmer zu Hause brennt es.

Info

Warum sollte man die „Daumen drücken"? Die alten Germanen glaubten, dass der Daumen wie ein Dämon magische Kraft hat. Die anderen Finger sollten ihn lieber verstecken und so unter Kontrolle halten, damit er niemandem schaden konnte. Aber auch bei den Gladiatorenkämpfen der alten Römer war der gedrückte Daumen ein Zeichen. So signalisierte das Volk in der Arena, dass ein Gladiator nicht getötet werden sollte.

E13 Innenleben

Wie lautet die Redewendung? Kreuzen Sie an. Die Bedeutung finden Sie rechts.

1. Du sollst mir keine Löcher in den Bauch ... (Du sollst mich nicht ständig etwas fragen.)
   - ☒ fragen!
   - ○ schlagen!
2. Ich treffe meine Entscheidungen meistens ... (Ich entscheide mich meistens intuitiv und nach meinen Gefühlen.)
   - ○ aus dem Bauch heraus.
   - ○ mit dem Kopf.
3. So habe ich das nicht gesagt. Das hast du ... bekommen! (Das hast du nicht richtig verstanden.)
   - ○ nicht in den Hals
   - ○ in den falschen Hals
4. Üben, üben, üben. Langsam hängen mir die Grammatik-Übungen ... (Es wird mir zu viel und ich habe keine Lust mehr.)
   - ○ zum Hals heraus!
   - ○ um den Hals!
5. Natürlich habe ich Zeit für dich. Was hast du ... (Was für ein Problem hast du?)
   - ○ im Bauch?
   - ○ auf dem Herzen?
6. Als der Arzt gesagt hat, dass ich wieder ganz gesund bin, ist mir ... vom Herzen gefallen. (Ich war sehr erleichtert und von einer großen Sorge befreit.)
   - ○ ein Stein
   - ○ Schnee
7. Karin und Michael haben gestern geheiratet. Stell dir vor, sie sind schon seit dem Kindergarten (Sie sind schon lange sehr eng befreundet und immer zusammen.)
   - ○ ein Herz und eine Seele!
   - ○ auf den Kopf gefallen!
8. Als ich gehört habe, dass Professor Morgenstern mich mündlich prüft, ist mir das Herz (Ich habe große Angst bekommen.)
   - ○ aus dem Pullover gefallen.
   - ○ in die Hose gerutscht.

E14 Ein Blick nach hinten

Wie geht es weiter? Ordnen Sie Dialogteile zu.

1. An dem neuen Deutschkurs kann ich nicht teilnehmen, weil die Anmeldung schon vorbei ist.
2. Heute bist du wieder dran mit dem Abwaschen!
3. Sitzt du schon wieder vor dem Fernseher? Du hast nächste Woche Prüfungen!
4. Was für ein toller Abend! Ich will noch ein Glas Wein trinken und dann tanzen gehen!
5. In der Zeitung steht, dass jemand sechs Richtige im Lotto hat, aber vergessen hatte, den Schein abzugeben!
6. Alle reden über dich, seit du mit Ella zusammen bist ...
7. Mama und ich haben beschlossen, dass du noch zu jung für das Rockfestival bist.

a) Ach, *rutsch mir den Buckel runter*. Wir waren schon in drei Kneipen und jetzt bin ich müde und will ins Bett!

b) Papa, du wolltest es doch erlauben! Und jetzt *fällst* du mir *in den Rücken*!

c) Weißt du was? Das *geht mir am Hintern vorbei*. Ich liebe sie und damit basta!

d) Ja, ich weiß, dass ich lernen muss. Aber ich *kriege* einfach *meinen Hintern nicht hoch*!

e) Klar, wenn wir Gäste haben und ein Menü mit drei Gängen! Ich *ziehe* wohl immer *die Arschkarte*!

f) Du musstest nur das Anmeldeformular ausfüllen! Machst du denn gar nichts, wenn ich dir nicht jeden Tag *in den Hintern trete*?

g) Was für ein Pech! Der könnte *sich* wahrscheinlich *in den Hintern beißen*.

1	2	3	4	5	6	7
f						

Info

Für den Körperteil, mit dem ein Mensch sitzt, gibt es viele Wörter – von elegant bis sehr unhöflich. In der Kindersprache ist es der „Po" oder „Popo", biologisch korrekt ist „Gesäß" und in der Umgangssprache ist es das „Hinterteil" oder der „Hintern". In gutem Deutsch **nicht** gebräuchlich ist der „Arsch", trotzdem kann man dieses Wort oft hören. Alle Redewendungen mit „Hintern" können auch etwas derber benutzt werden ...

E15 Die Luft zum Atmen

Was passt? Kreuzen Sie an.

1. Jemand hat viel Geduld und hält sehr lange durch:
   Er hat einen ☒ langen ○ schweren ○ kurzen Atem.
2. Man weiß nicht, was man sagen soll:
   Es ○ versteckt ○ verschlägt ○ gibt einem den Atem.
3. Jemanden nicht zur Ruhe kommen lassen:
   Jemanden in Atem ○ halten ○ bringen ○ sehen.
4. Gleichzeitig das Gegenteil sagen:
   Etwas im ○ nächsten ○ letzten ○ gleichen Atemzug sagen.

E16 Bis aufs Blut

Wie geht es weiter? Ordnen Sie die Dialogteile zu.

1. Hast du schon diesen neuen Horrorfilm gesehen? Der soll echt heftig sein. [c]
2. Das letzte Wochenende in den Bergen war herrlich. Nächsten Samstag gehe ich gleich wieder klettern. [ ]
3. Dieser schreckliche Junge hat meinem Sohn schon wieder das Pausenbrot weggenommen! Jetzt melde ich das dem Direktor. [ ]
4. Wie war denn die mündliche Prüfung? [ ]
5. Der Junge kann wirklich gut mit Pferden umgehen! [ ]

a) Lass das doch, das *gibt* nur *böses Blut*. Das kannst du doch auch so regeln, wenn du mit dem Jungen mal ernsthaft sprichst.

b) Das *hat er im Blut*. Sein Großvater war ein berühmter Reiter und hat mehrere Grand Prix gewonnen.

~~c)~~ Den schau ich mir bestimmt nicht an. Da *gefriert* einem ja *das Blut in den Adern*!

d) Siehst du, jetzt *hast du Blut geleckt*! Ich habe dir doch gesagt, dass es dir den Bergen gefallen wird.

e) Ich habe *Blut und Wasser geschwitzt*, dass er mich etwas zu den Themen fragt, die ich nicht gut vorbereitet hatte. Aber ich hatte Glück!

E17 Von oben bis unten

Ergänzen Sie. Achten Sie auf die korrekte Form.

übers Knie brechen • kein Beinbruch • einen Zahn zulegen •
auf dem Herzen haben • den Kopf nicht hängen lassen •
auf den Nägeln brennen • ~~mit dem falschen Fuß aufstehen~~ •
sich mit jemandem in die Haare kriegen • seinen Ohren nicht trauen

1. Meine Güte, hast du heute schlechte Laune! Du bist wohl mit *dem falschen Fuß aufgestanden*.
2. Es tut mir wirklich leid für meine Schwester, aber sobald ich meinen Schwager treffe, kriege ich ______________________.
3. Ich hasse diese ewigen Meetings, auf denen die lieben Kollegen sich so gern selbst reden hören! Und mir __________ die Arbeit ______________________!
4. Einmal eine schlechte Note in Mathematik, das ist doch ______________, Mama! Sonst bin ich immer so gut!
5. Als ich von Herberts Versetzung nach Südafrika gehört habe, wollte ich ______________________. Er kann doch noch nicht einmal gut Englisch!
6. Nach so einer schweren Grippe brauchst du Zeit, um dich wieder zu erholen. Da solltest du nichts ______________________.
7. Wenn du dieses Jahr keinen Studienplatz für Medizin bekommen hast, klappt es vielleicht nächstes Jahr. Du darfst ______________________!
8. In drei Stunden kommen die Eltern zurück und alles muss wieder sauber und aufgeräumt sein. Wir sollten wirklich ______________________!
9. Wenn du etwas ______________________ und meinst, dass ich dir helfen kann, kannst du gern jederzeit zu mir kommen!

F Rund ums Haus

F1 Aus dem Häuschen sein

Was bedeutet die Redewendung oder der Ausdruck? Ordnen Sie zu.

1. Er *ist* ganz *aus dem Häuschen*. ☐
2. Die *rennen uns* sonntags immer *die Bude ein*! ☐
3. *Wer im Glashaus sitzt, soll nicht mit Steinen werfen.* ☐
4. Ich muss leider *das Haus hüten*. ☐
5. Können Sie mir *eine Hausnummer nennen*, wie viel das kostet? ☐
6. Bei Lena und Ben *hängt der Haussegen schief*. ☐
7. Sie hat gestern das ganze *Haus auf den Kopf gestellt*. ☐
8. Der Schnaps *geht aufs Haus*. ☐
9. Ihr *hockt* immer *zu Hause*. ☐
10. Jetzt wollen wir mal *die Kirche im Dorf lassen*. ☐
11. Sie ist *mit der Tür ins Haus gefallen*. ☐
12. *Komm du mir nur nach Hause*! ☐
13. Ich nehme den Schweinebraten *nach Art des Hauses*. ☐

a) Du kannst das nicht kritisieren, weil du es selbst auch machst.
b) Ihr geht nie raus.
c) Er ist vor Freude ganz aufgeregt.
d) Der Schnaps ist ein Geschenk des Restaurants.
e) Alle wollen hier sonntags einkaufen.
f) Sie hat direkt gesagt, was sie will, ohne vorher etwas anzukündigen.
g) Wir wollen nicht übertreiben.
h) Sie hat gestern wie verrückt gesucht.
i) Könnten Sie mir sagen, was das ungefähr kostet?
j) Ich muss leider zu Hause bleiben.
k) Ich nehme den Braten, so wie er hier zubereitet wird.
l) Das gibt aber Ärger, wenn du nach Hause kommst.
m) Die beiden haben Streit miteinander.

Info

Die Androhung von Schimpfe oder Strafe mit der Redewendung „Komm du mir nur nach Hause!" ist normalerweise im Spaß gemeint.

F2 Mit der Tür ins Haus fallen

Ergänzen Sie. Achten Sie auf die korrekte Form.

1. Können Sie mir *(ungefähr sagen)* eine Hausnummer nennen, was die Reparatur kosten wird?
2. Entschuldigung, dass ich *(das ohne Ankündigung will)* ____________________, aber könnten Sie mir den Text bitte bis morgen ins Englische übersetzen?
3. Simon war *(aufgeregt vor Freude)* ____________________, als er sein neues Smartphone auspackte.
4. Du musst die Klasse nicht wiederholen, nur weil du eine Fünf in Mathe geschrieben hast. Jetzt *(übertreib mal nicht!)* ____________________!
5. Axel hat *(wie verrückt gesucht)* ____________________, um seinen Pass zu finden.
6. Zum Essen empfehle ich dir den Fisch *(wie er hier speziell zubereiten wird)* ____________________. Den habe ich das letzte Mal gegessen und er war total lecker.
7. Du beschwerst dich, dass dein Sohn unpünktlich ist? *(Das bist du doch selbst oft!)* ____________________!
8. Immer wenn es beim Discounter günstige Computer gibt, wird denen *(wollen viele das Angebot kaufen)* ____________________.
9. Ich glaube Lena und Ben lassen sich scheiden, bei ihnen *(sie haben Probleme in ihrer Beziehung und streiten immer)* ____________________.
10. Wie kann man bei dem schönen Wetter *(nicht rausgehen)* ____________________ und Computer spielen!
11. Die Getränke *(müssen Sie nicht bezahlen)* ____________________, weil Sie so lange warten mussten.

F3 Unter Dach und Fach

Was bedeutet die Redewendung? Ordnen Sie zu.

1. Der Vertrag ist *unter Dach und Fach*.
2. Nach dem sehr schweren Sturm hatten einige kein *Dach* mehr *über dem Kopf*.
3. Unsere neue Chefin *geht zum Lachen in den Keller*.
4. Wer weiß, welche *Leichen* er noch *im Keller hat*.
5. Wenn er die Musik wieder so wahnsinnig laut macht, *steig'* ich ihm *aufs Dach*.

a) Sie ist völlig humorlos.
b) Der Vertrag ist abgeschlossen.
c) Wer weiß, welche kriminellen Sachen er in seiner Vergangenheit gemacht hat.
d) Ich werde mich beschweren, wenn es wieder so laut wird.
e) Nach dem Sturm hatten viele Leute keine Wohnung mehr.

1	2	3	4	5
b				

F4 Aufs Dach steigen

Sagen Sie es mit einer Redewendung.

1. Wenn er so weiterarbeitet, bekommt er ganz schönen Ärger von der Chefin.

   Wenn er so weiterarbeitet, steigt ihm die Chefin aufs Dach.

2. Er macht keine Scherze und lacht nie über Witze.

   Er ______.

3. Sie hat endlich eine Unterkunft gefunden.

   Sie hat endlich ______.

4. Der Sieg wurde erst in der zweiten Halbzeit erreicht.

   Der Sieg wurde erst in der zweiten Halbzeit ______ gebracht.

Info

Das Wort „Leiche“ bedeutet „Körper eines Toten“.
Die Redewendung „jemandem aufs Dach steigen“ stammt aus dem Mittelalter. Damals war jeder unter seinem Dach sicher, denn niemand durfte ohne Erlaubnis des Besitzers in dessen Haus. Versteckte sich jemand in seinem Haus, um einer gerichtlichen Strafe zu entgehen, passierte Folgendes: Man stieg ihm aufs Dach und entfernte es. Ohne Dach galt das Haus nicht mehr als Haus und der Täter konnte festgenommen werden.

F5 Mir fällt die Decke auf den Kopf

Was bedeutet die Redewendung? Ordnen Sie zu.

1. Ich muss mal aus dem Haus. Mir *fällt* zu Hause *die Decke auf den Kopf*. [c]
2. Sie *sprang* vor Freude fast *an die Decke*. [ ]
3. Hör auf ihn zu ärgern, er *geht* gleich *an die Decke*. [ ]
4. Die Polizisten hatten viele Personen befragt, aber nichts über den Diebstahl erfahren. Sie haben aber das Gefühl, dass alle *unter einer Decke stecken*. [ ]

a) Er ist ganz schön sauer.

b) Sie glauben, dass alle von der Sache wussten und im Geheimen zusammenarbeiteten.

c) Ich bin die ganze Zeit im Haus gewesen und muss einfach mal raus aus dem Haus.

d) Sie freute sich total.

Info

Wenn man „mit jemandem unter einer Decke steckt" heißt das, dass zwei oder mehrere Personen von einer Sache wissen, die aber gegenüber den anderen ein Geheimnis ist. Die Redewendung stammt aus dem Mittelalter. Damals galt eine Ehe rechtlich erst dann, wenn Braut und Bräutigam unter den Augen ihrer Eltern und Verwandten die Decke des Ehebettes teilten.

F6 Mal den Teufel nicht an die Wand

Ergänzen Sie. Achten Sie auf die korrekte Form.

in Teufels Küche kommen • ~~den Teufel nicht an die Wand malen~~ •
an die Wand fahren • gegen eine Wand reden

1. Wenn man jemanden bittet, nicht alles negativ zu sehen, sagt man: Jetzt *mal den Teufel nicht an die Wand*. Die Redewendung kommt vom alten Volksglauben, dass der Teufel kommt, wenn man von ihm spricht oder ihn auf einem Bild zeigt.
2. Im Mittelalter glaubte man, dass der Teufel eine Küche hat, in der die Hexen und Zauberer arbeiten. Wenn man jemanden vor Schwierigkeiten, Problemen, gefährlichen oder peinlichen Situationen warnen will, sagt man deshalb noch heute: „Du musst aufpassen, dass du nicht ______________________."
3. Wenn man vergeblich versucht hat, mit Reden bei jemandem etwas zu erreichen, kann man sagen: „Ich habe keine Lust mehr, ständig ______________________ ______________."
4. Wenn jemandem ein Projekt nicht gelingt, weil er große Fehler gemacht hat, kann man sagen: „Er ________ das Projekt ______________________."

F7 Noch mehr Teufel

Ergänzen Sie. Achten Sie auf die korrekte Form.

1. Du brauchst gar nicht zu versuchen, ihn zu überreden. Wenn er sich etwas in den Kopf gesetzt hat, dann ändert er seine Meinung nicht. Da *(redest du vergeblich)* *redest du gegen eine Wand*.
2. Wenn Matthias weiterhin so oft die Schule schwänzt, wird er *(Schwierigkeiten bekommen)* ______________________.
3. Ich habe das Falsche gelernt. Ich habe die Prüfung *(nicht bestanden)* ______________ ______________.
4. Was will dein Sohn machen, wenn er die Prüfung nicht schafft?
Jetzt *(denk nicht so negativ)* ______________________.

F8 Zwischen Tür und Angel

Wie geht es weiter? Ordnen Sie die Dialogteile zu.

1. Das möchte ich nicht *zwischen Tür und Angel* besprechen. Lassen Sie uns doch einen Termin ausmachen.
2. Sie dürfen hier leider nicht rein. Die Sitzung findet *hinter verschlossenen Türen* statt.
3. Es war rechtlich nicht korrekt, dass er *vor die Tür gesetzt wurde*.
4. Weihnachten *steht vor der Tür* und ich hab wie immer noch keine Geschenke.
5. Bei dem Wetter *setze* ich *keinen Fuß vor die Tür*.
6. Mit deinem guten Masterabschluss in Informatik *stehen* dir beruflich doch *alle Türen offen*.
7. Die decken schon die Tische für das Frühstück. Sie wollen, dass wir zahlen und gehen.
8. Ohne ständige Weiterbildung *bist* du in dem Job ganz schnell *weg vom Fenster*.

a) Entschuldigung, ich dachte, dass diese Sitzung öffentlich ist.

b) In drei Tagen ist Heiligabend! Es kann doch keinen Spaß machen, immer in letzter Minute Geschenke zu kaufen.

c) Komm, du bist doch nicht aus Zucker! Nimm einen Regenschirm und komm mit.

d) Ja gerne, das möchte ich auch nicht in Eile bereden.

e) Warum wurde ihm denn gekündigt?

f) Ja. Ich glaube auch, dass man chancenlos ist, wenn man sich nicht weiterbildet.

g) Ja, das ist super. Ich habe auch schon drei Jobangebote bekommen.

h) Ja, den *Wink mit dem Zaunpfahl* habe ich auch verstanden.

1	2	3	4	5	6	7	8
d							

F9 Nicht alle Tassen im Schrank haben

Was bedeutet die Redewendung? Kreuzen Sie an.

1. Die neue Projektleiterin hat echt was auf dem Kasten. Ich bin begeistert.
   - ⊗ Sie ist sehr fähig und kann und weiß viel.
   - ○ Sie hat viele interessante Sachen auf dem Schrank.
2. In deinem Zimmer sieht es ja aus, wie bei Hempels unterm Sofa!
   - ○ Dein Zimmer hat die gleiche Farbe wie das Sofa der Hempels.
   - ○ In deinem Zimmer ist es total unordentlich.
3. Er hat gekündigt, ohne einen neuen Job zu haben.
   Er hat doch nicht alle Tassen im Schrank!
   - ○ Er ist verrückt!
   - ○ Er hat die Tassen nicht aufgeräumt.
4. Ihr habt heute durch die Bank schlecht gespielt.
   - ○ Sie haben die Bälle schlecht unter die Bank geschossen.
   - ○ Alle, ohne Ausnahme, haben heute schlecht gespielt!
5. Ich muss das Bett hüten.
   - ○ Mein Arzt sagt, ich soll im Bett bleiben.
   - ○ Wir müssen aufpassen, dass keiner das Bett klaut.
6. Die beiden hatten gerade ihr Abitur geschafft und hielten locker vom Hocker eine lustige Rede vor allen Abiturienten, deren Eltern und den Lehrern.
   - ○ Er wollte während der Rede entspannt auf einem Hocker sitzen.
   - ○ Sie hielten eine Rede, ohne nervös zu sein.
7. Der neue Film hat uns nicht vom Hocker gerissen.
   - ○ Im Kino durfte ich auf dem Hocker sitzen bleiben.
   - ○ Den neuen Film fanden wir nicht so gut.
8. Immer schiebst du die Steuererklärung auf die lange Bank!
   Wir haben schon eine Mahnung bekommen.
   - ○ Du erledigst die Steuererklärung nicht, sondern verschiebst diese unbeliebte Aufgabe andauernd.
   - ○ Du legst die Steuererklärung immer auf die Bank statt auf den Schreibtisch.

Info

Die Redewendung „durch die Bank" stammt aus dem Mittelalter. Wenn an einer großen Tafel zum Essen Platz genommen wurde, bekamen alle das Essen in der Reihenfolge, in der sie auf der Bank saßen, unabhängig davon, wer sie waren. Alle waren gleich.

F10 Das lassen wir unter den Tisch fallen

Was bedeutet die Redewendung? Ordnen Sie zu.

1. Da hat dich der Händler aber *über den Tisch gezogen.* ☐ b
2. Das brauchst du nicht mehr zu erklären. Ich *bin* schon *im Bilde.* ☐
3. Den letzten Punkt *lassen* wir heute *unter den Tisch fallen.* ☐
4. Der Streit wurde *unter den Teppich gekehrt.* ☐
5. *Bleib auf dem Teppich*! ☐
6. Die Kosten *sprengten den Rahmen.* ☐
7. Nachdem sie eine Absage für den Studienplatz erhalten hatte, *war* sie *am Boden zerstört.* ☐
8. Ich würde am liebsten *im Boden versinken.* ☐
9. Hier wurden lauter neue Häuser *aus dem Boden gestampft.* ☐

a) Das sprechen wir heute nicht mehr an.
b) Der Händler hat einen viel zu hohen Preis verlangt.
c) Bleib vernünftig!
d) Es ist mir total unangenehm.
e) Ich bin schon informiert.
f) Die Kosten waren höher als geplant.
g) Sie war traurig und enttäuscht.
h) Hier wurden schnell neue Häuser gebaut.
i) Der Konflikt wurde nicht angesprochen.

F11 Locker vom Hocker

Was passt nicht? Streichen Sie.

1. Er sang das schwierige Lied vor Publikum locker vom *Hocker/Stuhl.*
2. Ich muss dringend aufräumen. Bei mir sieht es aus wie bei Hempels unterm *Tisch/Sofa.*
3. Du brauchst mir nichts erzählen. Ich bin schon im *Rahmen/Bilde.*
4. Der hat doch nicht alle Tassen im *Kasten/Schrank.*
5. Sie haben durch *die Bank/den Hocker* zu wenig für die Prüfung gelernt.
6. Wir wurden beim Kauf der Wohnung richtig über den *Boden/Tisch* gezogen. Wir haben viel zu viel bezahlt.
7. Bei der aktuellen finanziellen Situation würde ich nicht nach einer Lohnerhöhung fragen. Bleib besser mal auf dem *Teppich/Boden.*

F12 Da fress' ich einen Besen

Wie lautet die Redewendung? Kreuzen Sie an. Die Bedeutung finden Sie rechts.

1. Dass du im Lotto gewonnen hast, würde ich nicht… (Das würde ich nicht allen erzählen.)
   - ○ ans Schwarze Brett hängen.
   - ⊗ an die große Glocke hängen.
2. Wo ist er denn? Ich glaube er hat sich heimlich … (Er ist heimlich weggegangen.)
   - ○ aus dem Staub gemacht.
   - ○ auf die Bank gesetzt.
3. Der Umbau soll im Herbst fertig werden? Wenn das passiert, fress' ich … (Ich bin mir sicher, dass der Umbau nicht fertig sein wird.)
   - ○ nen Besen.
   - ○ meine Katze.
4. Den Rechner hab ich bei der Arbeit … Der sollte entsorgt werden. (Ich habe ihn umsonst bekommen.)
   - ○ abgestaubt.
   - ○ geklaut.
5. Er will seinen Job … (Er will kündigen.)
   - ○ auf die lange Bank schieben.
   - ○ an den Nagel hängen.
6. Nein, darüber sprechen wir im Meeting nicht. … (Das sprechen wir nicht an, sonst gibt es unnötige Diskussionen.)
   - ○ Das Fass sollten wir nicht aufmachen.
   - ○ Da fresse ich nen Besen.
7. Mein Handy … Ich kann es nicht mehr aufladen. (Mein Handy ist kaputt.)
   - ○ ist im Eimer.
   - ○ steht auf dem Schlauch.
8. Ich stehe … (Ich verstehe gerade nicht, worum es geht.)
   - ○ zwischen Tür und Angel.
   - ○ gerade auf dem Schlauch.

Info

In der gesprochenen Sprache sagt man gerne „nen" statt „einen".

G Donnerwetter

G1 Windig bis stürmisch

Was bedeutet die Redewendung? Ordnen Sie zu.

1. Was ist heute los mit dir? Irgendwie bist du völlig *durch den Wind*. [c]
2. Ich finde unsere neue Chefin super, sie *bringt* endlich mal *frischen Wind* in diesen Laden! [ ]
3. Seit wir diese neue Deutschlehrerin haben, *weht* in unserer Klasse *ein anderer Wind*. [ ]
4. So ein Mist! Hanna hat von unserer Überraschungsparty *Wind bekommen*. Und jetzt? [ ]
5. Du wurdest gekündigt? Das wundert mich nicht. Warum hast du auch jeden guten Rat *in den Wind geschlagen*! [ ]
6. *Mach* doch nicht so *viel Wind um* deine Erkältung! Nächste Woche bist du wieder gesund. [ ]
7. Da wurde mir klar, *woher der Wind weht*. Er brauchte keine Hilfe, sondern wollte nur mein Geld! [ ]
8. Kommt ihr am Wochenende zu mir? Ich *hab'* von Freitag- bis Sonntagabend *sturmfrei*! [ ]

a) Sie hat herausgefunden, was sie nicht wissen sollte.
b) Du hast jeden gut gemeinten Rat ignoriert.
c) Du bist völlig durcheinander.
d) Nimm dich nicht so wichtig, mach kein Drama daraus.
e) Jetzt gelten strengere Regeln und wir müssen mehr lernen.
f) Sie hat viel Energie und will vieles erneuern oder verändern.
g) Meine Eltern sind nicht Zuhause.
h) Ich habe den wahren, negativen Grund verstanden.

Info

Die Redewendung „von etwas Wind bekommen" stammt aus der Jägersprache. Wenn der Wind den Geruch eines Jägers zum Tier bringt, läuft es sofort weg – es hat „Wind bekommen" von der Gefahr. Ein Jäger kann sich also nur gegen den Wind dem Wildtier nähern.

G2 Sonne, Mond und Sterne

Wie lautet die Redewendung? Kreuzen Sie an. Die Bedeutung finden Sie rechts.

1. Ich würde für dich ... vom Himmel holen! (Ich würde alles für dich tun.)
   - ○ den Mond
   - ⊗ die Sterne
2. Ich könnte diesen Kerl auf den Mond ...! (Ich bin so sauer, dass ich ihn am liebsten nie wieder sehen würde.)
   - ○ schießen
   - ○ bringen
3. Mach dir keine Sorgen, auf Regen folgt ...! (Nach schlechten Zeiten kommen auch wieder gute Zeiten.)
   - ○ Schnee
   - ○ Sonnenschein
4. Ein bisschen mehr Sinn für die Realität wäre gut! Du musst nicht immer nach den Sternen ...! (Du solltest nicht immer das Unmögliche wollen.)
   - ○ greifen
   - ○ fragen
5. Ihr habt noch nichts davon gehört? Sag mal, lebt ihr ... dem Mond? (Ihr seid schlecht informiert, unmodern oder rückständig.)
   - ○ hinter
   - ○ unter
6. Gestern hatte ich einen großen Streit mit meinen Eltern. Frag nicht nach ...! (Es war so schrecklich, dass ich nicht darüber sprechen möchte.)
   - ○ Sonnenschein
   - ○ Sternschnuppen
7. Und jetzt auch noch eine Reifenpanne! Ich glaube, unsere Reise ... unter einem schlechten Stern. (Ein paar negative Erfahrungen lassen mich nicht mehr an einen guten Verlauf glauben.)
   - ○ fährt
   - ○ steht

G3 Gut gesagt!

Welche Redewendung passt in diesen Situationen? Kreuzen Sie an.

1. Stell dir vor, Hans hat schon wieder den Hausschlüssel verloren! Manchmal könnte ich ihn wirklich
   - ○ in den Wind schlagen.
   - ⊗ auf den Mond schießen.
   - ○ nach Sonnenschein fragen.
2. Hast du gehört? Unser Kollege von der Rezeption hat sich auf die freie Stelle als Hoteldirektor beworben. Warum muss er immer
   - ○ nach den Sternen greifen?
   - ○ so viel Wind machen?
   - ○ durch den Wind sein?
3. Bestimmt wirst du bald wieder gesund.
   - ○ Es weht ein anderer Wind.
   - ○ Frag nicht nach Sonnenschein.
   - ○ Auf Regen folgt Sonnenschein.
4. Du weißt nicht, wer der Präsident der USA ist? Sag mal,
   - ○ hast du sturmfrei?
   - ○ woher weht der Wind?
   - ○ lebst du hinter dem Mond?
5. Seit unser Senior-Chef in Rente gegangen ist, gibt es in unserer Firma ständig Entlassungen.
   - ○ Da weht jetzt ein frischer Wind.
   - ○ Da weht jetzt ein anderer Wind.
   - ○ Davon habe ich Wind bekommen.
6. Seit ich mit meinem Studium begonnen habe, geht alles schief. Ich glaube,
   - ○ es steht unter einem schlechten Stern.
   - ○ ich lebe hinter dem Mond.
   - ○ ich habe sturmfrei.

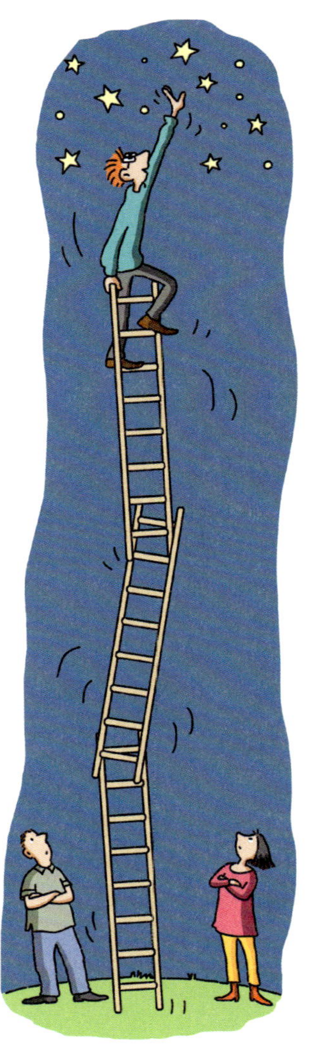

G4 Alles aus Wasser

Was bedeutet die Redewendung? Kreuzen Sie an.

1. Gestern hat es in Strömen gegossen.
   - ⊗ Gestern hat es sehr stark geregnet.
   - ○ Gestern habe ich meinen Blumen viel Wasser gegeben.
2. Das Projekt liegt auf Eis.
   - ○ Das Projekt wird nie durchgeführt.
   - ○ Das Projekt wird für später aufgehoben.
3. Sie ist plötzlich bei mir hereingeschneit.
   - ○ Sie ist gekommen, ohne sich anzumelden.
   - ○ Sie hat von draußen Schnee mit hereingebracht.
4. Sie hat ihre Freundin im Regen stehen lassen.
   - ○ Sie hat ihrer Freundin in einer schwierigen Situation nicht geholfen.
   - ○ Sie hat ihrer Freundin draußen im Regen keinen Stuhl angeboten.
5. Das ist doch Schnee von gestern.
   - ○ Der Schnee ist nicht mehr schön weiß.
   - ○ Das ist nicht mehr aktuell.
6. Das leckere Abendessen hat das Eis gebrochen.
   - ○ Durch das leckere Abendessen wurde die Stimmung gut und locker.
   - ○ Nach dem leckeren Abendessen war ein Eis als Dessert nicht mehr nötig.
7. Ich bin tatsächlich vom Regen in die Traufe gekommen.
   - ○ Jemand hat mich abgetrocknet.
   - ○ Meine Situation hat sich weiter verschlechtert.
8. Der Anwalt versucht den Angeklagten mit seinen Fragen aufs Glatteis zu führen.
   - ○ Der Anwalt versucht, ihn durch seine Fragen unsicher zu machen.
   - ○ Der Anwalt fragt sehr ungenau.

Info

Die „Traufe“ ist das Ende des Daches. Hier läuft alles Regenwasser zusammen. Wenn es keine Regenrinne gibt, die das Wasser gesammelt abfließen lässt, ist es unter der Traufe besonders nass. Wer „vom Regen in die Traufe kommt“, ist in eine noch schlechtere Situation geraten.

G5 Luft und Liebe

Ergänzen Sie. Achten Sie auf die korrekte Form.

auflösen • Liebe • liegen • ~~fallen~~ • schweben •
anhalten • Blaue • Luftschloss • auf Erden • gehen

- Ach, Leonore! Emil hat mir gesagt, dass er verheiratet ist! Ich bin ich aus allen Wolken *gefallen* (1). Wir waren doch so glücklich! Wenn wir zusammen waren, haben wir noch nicht einmal etwas gegessen und nur von Luft und __________ (2) gelebt!
- Das tut mir leid. Aber ich hatte dich schon oft gefragt, ob du nicht ein bisschen zu sehr auf Wolke sieben ______________ (3) ...
- Was ist nun mit unseren Plänen – haben wir wirklich nur ____________________ (4) gebaut?
- Naja ... Er hat sich ja oft tagelang nicht bei dir gemeldet!
- Aber er hat mich wirklich geliebt! Du verstehst das nicht!
- Beruhig dich, Anna. Du brauchst nicht gleich in die Luft zu ______________ (5).
- Weißt du was? Er soll sich scheiden lassen! Ich kann mich doch auch nicht einfach in Luft ______________ (6) und aus seinem Leben verschwinden!
- Jetzt __________ mal die Luft _____ (7). Diese Entscheidung musst du schon ihm überlassen ... Wenn du mich fragst, hat schon so etwas in der Luft ______________ (8). Als ich euch beide das letzte Mal getroffen habe, war er irgendwie so kühl und unruhig.
- Und trotzdem hat er mir fast jeden Tag das __________ (9) vom Himmel herunter versprochen. Gemeinsame Reisen, ein Haus auf dem Land ... Ach, das war für mich der Himmel ______________ (10)!
- Tja, meine Liebe – ich hatte dich immer wieder gewarnt ...

G6 Und was soll das heißen?

Welche Bedeutung ist richtig? Tragen Sie die Nummerierung aus G5 ein.

1. Etwas versprechen, was man nicht halten kann: (9)
2. Plötzlich von etwas Negativem überrascht werden: _____
3. So verliebt und glücklich sein, dass man weit weg von der Wirklichkeit ist: _____
4. Unrealistische Pläne machen: _____
5. Wenn man es so gut hat, dass es nicht besser sein könnte: _____
6. So verliebt sein, dass man alles andere vergisst – auch das Essen: _____
7. Man fühlt, dass etwas kommt, es muss nur noch ausgesprochen werden: _____
8. Plötzlich weg sein: _____
9. Stopp deine Wut und beruhige dich: _____
10. Explodieren, einen Wutanfall bekommen: _____

G7 Gewitter

Welches Wort ist richtig? Kreuzen Sie an.

1. Er läuft unglaublich schnell:
   Er läuft wie ein ☒ geölter ○ heißer ○ schrecklicher Blitz.
2. Die Kündigung kam überraschend:
   Die Kündigung kam wie ein Blitz aus
   ○ dunklem ○ verregnetem ○ heiterem Himmel.
3. Als er beim Glücksspiel sein ganzes Geld verloren hatte, saß er ganz still da und sagte nichts:
   ..., war er wie vom Donner ○ getötet ○ gerührt ○ erschlagen.
4. Helmut hatte sich in Julia verliebt und wollte sie zum Essen einladen, doch er hatte keinen Erfolg.
   ..., doch er ist ○ weggedonnert ○ runtergefallen ○ abgeblitzt.

Info

In alten Waffen wurde zum Schießen ein Pulver angezündet. Dabei entstand ein Gas, das die Kugel herausdrücken sollte. Aber das funktionierte nicht immer und manchmal gab es nur einen hellen Blitz, ohne dass die Kugel abgefeuert wurde. Der Plan zu schießen ist nicht geglückt: Man ist nur „abgeblitzt" und hat dumm geschaut ...

G8 Temperaturen

Wie geht es weiter? Ordnen Sie zu.

1. Plötzlich war auf der Autobahn eine Polizeikontrolle vor ihm.
2. Du meinst wirklich, wir sollten in ein größeres Haus umziehen?
3. So laute Musik bei unseren Nachbarn!
4. Ich soll dir mal schnell 10 000 Euro leihen?
5. Beeil dich, in der Kantine gibt es heute wieder diese leckeren Flammkuchen.
6. Bei der mündlichen Prüfung hat der Professor mich ausgerechnet nach der Literatur der Romantik gefragt.
7. Was bist du nur für ein Mensch?
8. Wie findest du den neuen Kollegen?
9. FC Allersberg hat schon gegen zwei Mannschaften gewonnen.

a) Ich kann mich einfach nicht *für* den Gedanken *erwärmen*. Was ist, wenn wir uns die Miete nicht mehr leisten können?

b) Ich glaube, du hast *zu heiß gebadet*. Bist du völlig verrückt geworden?

c) Die sind so *heiß begehrt*, dass sie meist schnell weg sind!

d) Ich bin so verzweifelt und dich *lässt* das völlig *kalt*!

e) Auf der Party *geht es* anscheinend *heiß her*. Die haben wohl alle viel Spaß!

f) Es *lief ihm eiskalt den Rücken runter*, weil er keine Papiere dabei hatte.

g) Da hat er mich *eiskalt erwischt*. Niemals hätte ich gedacht, dass diese Zeit drankommt!

h) Da *müssen wir* uns nächstes Wochenende *warm anziehen*, wenn wir unseren ersten Platz behalten wollen!

i) Ich weiß nicht – eigentlich ist er ganz nett, aber irgendwie *werde* ich *nicht warm mit* ihm!

1	2	3	4	5	6	7	8	9
f								

G9 Gesamtwetterlage

Welche Redewendung passt in dieser Situation? Kreuzen Sie an.

1. ● Stell dir vor, die Karten für die Opernfestspiele sind alle ausverkauft!
   ■ Du bist ja auch viel zu spät dran. Ich hatte dir gesagt, dass sie
   ⊗ heiß begehrt sind.
   ○ plötzlich hereinschneien.

2. ● Warum schaust du denn so traurig?
   ■ Ach, ich habe mal wieder versucht, mit Lisa zum Tanzen zu gehen, doch
   ○ sie war wie vom Donner gerührt.
   ○ ich bin abgeblitzt.

3. ● Und, wie findest du deine neue Arbeitsstelle?
   ■ Ehrlich gesagt bin ich genauso unzufrieden wie vorher.
   ○ Ich habe mich in Luft aufgelöst.
   ○ Ich bin vom Regen in die Traufe gekommen.

4. ● Hast du schon von Paul und Klara gehört? Sie bekommen Drillinge!
   ■ Ja, Klara hat es mir erzählt. Eigentlich wollten sie nur ein zweites Kind.
   ○ Es hat sie völlig kalt gelassen,
   ○ Sie ist aus allen Wolken gefallen,
   als der Arzt ihr das CT-Foto gezeigt hat.

5. ● Wir können dieses Jahr doch nicht nach Indien reisen. Drei Wochen Urlaub sind einfach nicht genug.
   ■ Das stimmt, dafür müsstet ihr den ganzen Jahresurlaub auf einmal nehmen.
   ○ Also liegt die Reise erst einmal auf Eis?
   ○ Also könnt ihr euch nicht für die Reise erwärmen?

6. ● Immer versprichst du mir etwas, was du nicht hältst! Letztes Jahr wolltest du mir auch beim Umzug helfen und bist nicht gekommen.
   ■ Jetzt fang doch nicht wieder damit an. Das ist doch
   ○ der Himmel auf Erden.
   ○ Schnee von gestern.

H Klar Schiff machen

H1 Von Schiffen und Booten

Welcher Satz hat dieselbe Bedeutung? Kreuzen Sie an.

1. Wir sollten noch Peter mit *ins Boot holen*. Er hat mit solchen Projekten viel Erfahrung.
   - ⊗ Wir sollten Peter bitten, mit uns zusammenzuarbeiten.
   - ○ Wir sollten Peter bitten, uns in Ruhe arbeiten zu lassen.
2. Jetzt *wirf* einfach mal deine Sorgen *über Bord* und lass uns zusammen den Abend genießen!
   - ○ Denk intensiv über deine Sorgen nach.
   - ○ Versuche, heute Abend nicht an deine Sorgen zu denken.
3. Tilmanns neue Freundin nervt mich. Sie ist so *ohne* jeden *Tiefgang*!
   - ○ Sie spricht viel zu leise.
   - ○ Sie ist oberflächlich und spricht nur über alltägliche und langweilige Dinge.
4. Wir sollten aufhören, uns als Konkurrenten zu sehen. Eigentlich *sitzen* wir doch *im selben Boot*!
   - ○ Eigentlich haben wir doch dieselben Interessen und Ziele.
   - ○ Eigentlich arbeiten wir schon lange zusammen.
5. Nach dem Streit wollte Anna noch einige Missverständnisse klären. Aber Inge hatte *die Schotten dicht gemacht* und reagierte nicht auf ihre Anrufe.
   - ○ Sie ist nach Schottland gefahren.
   - ○ Sie wollte Anna nicht mehr zuhören.
6. Wenn der Senior-Chef in Rente geht und ich endlich *ans Ruder komme*, werde ich vieles in der Firma verändern.
   - ○ Wenn ich endlich meinen Urlaub am Meer gemacht habe, werde ich...
   - ○ Wenn ich endlich in einer Führungsposition bin, werde ich ...

Info

Die Schotten sind zusätzliche wasserdichte Wände im Schiff. Wenn etwas passiert und Wasser ins Schiff läuft, kann man sie schließen. Dadurch kann das Schiff gerettet werden und geht nicht völlig unter.

H2 Wenn's schiefgeht ...

Wie lautet die Redewendung? Kreuzen Sie an. Die Bedeutung finden Sie rechts.

1. Ich sehe einfach ... (keine Hoffnung mehr haben)
   - ☒ kein Land.
   - ○ keine Bäume.
2. Ich glaube, ich bin auf dem falschen ... ! (Ich habe mich geirrt oder habe das Gefühl, dass ich am falschen Platz bin.)
   - ○ Dampfer
   - ○ Pferd
3. Ich bin sicher, mit diesem Vorhaben wirst du ... erleiden! (Dieses Vorhaben muss schiefgehen.)
   - ○ Ruderbruch
   - ○ Schiffbruch
4. Die Party gestern ist völlig aus dem ... gelaufen. (Die Party war nicht mehr unter Kontrolle – zu viele Leute, zu laut, zu viel Chaos usw.)
   - ○ Ruder
   - ○ Anker
5. Im Laden herrscht momentan totale ... Man merkt deutlich die Urlaubszeit. (Es ist nichts los. Niemand kommt und kauft etwas.)
   - ○ Regenzeit.
   - ○ Flaute.
6. Er hat sich entschuldigt und mir Blumen mitgebracht. Das hat mir den Wind aus den ... genommen. (Mein Ärger ist verschwunden und ich konnte nicht mehr sauer sein.)
   - ○ Haaren
   - ○ Segeln
7. Das wird mir alles zuviel. Ich ... die Segel. (Ich gebe auf.)
   - ○ setze
   - ○ streiche
8. Klar – sobald etwas nicht klappt, verlassen die ... das sinkende Schiff! (Wenn es anstrengend oder gefährlich wird, wollen gleich ein paar Leute mit der Sache nichts mehr zu tun haben.)
   - ○ Matrosen
   - ○ Ratten

Info

Bei einem Krieg auf See hat das Schiff die Segel abgenommen, wenn es kapitulieren musste. Hat also ein Schiff seine „Segel gestrichen", war es das Zeichen, dass es aufgibt.

H3 Von Wasser und Wellen

Was passt? Kreuzen Sie an.

1. Es gibt sehr viel von etwas:
   Es gibt ☒ eine Flut ○ eine Strömung ○ eine Welle von etwas.
2. Viel Erfahrung haben und sehr schlau sein:
   Mit allen ○ Meeren ○ Wassern ○ Fluten gewaschen sein.
3. Er verdient das Minimum für sein Leben:
   Er ○ hält sich ○ schwimmt ○ geht über Wasser.
4. Sie weiß in jeder Situation, was zu tun ist, und bleibt immer ruhig.
   Sie ist ○ ein Sandkorn ○ ein Fisch ○ ein Fels in der Brandung.
5. Diese Nachricht bringt viel Aufregung und Diskussion:
   Diese Nachricht schlägt ○ ins Wasser ○ hohe Wellen ○ über die Flut.

Info

Wenn ein alter Seemann in seinem Leben auf allen Meeren der Welt unterwegs war, ist er „mit allen Wassern gewaschen". Er hat so viel Erfahrung, dass er immer weiß, was zu tun ist.

H4 Eine Flut von Redewendungen

Welche Redewendung passt in dieser Situation? Kreuzen Sie an.

1. Felix lernt Tag und Nacht auf seine Prüfungen. Ich habe das Gefühl,
   ⊗ dass er kein Land sieht.
   ○ dass Flaute herrscht.

2. Heute habe ich 20 Umzugskartons gepackt, aber jetzt kann ich nicht mehr. Ich
   ○ mache die Schotten dicht
   ○ erleide Schiffbruch
   und gehe jetzt ins Bett.

3. Ich habe immer noch keine feste Stelle gefunden. Mit meinen Jobs
   ○ bleibe ich am Ruder,
   ○ halte ich mich über Wasser,
   aber das kann nicht mehr lange so weitergehen.

4. Hoffentlich gewinnen wir den Prozess. Aber es wird schon gut gehen, denn unser Rechtsanwalt
   ○ ist mit allen Wassern gewaschen.
   ○ ist auf dem falschen Dampfer.

5. Ich hatte so viele Probleme im Job. Irgendwann musste ich
   ○ die Segel streichen.
   ○ hohen Wellen schlagen.

6. So eine schlecht organisierte Veranstaltung habe ich noch nie erlebt. Falsche Ortsangaben, zu wenig Essen für die Teilnehmer, Verspätungen – kurz gesagt,
   ○ die Veranstaltung ist total aus dem Ruder gelaufen.
   ○ die Veranstaltung war ein Fels in der Brandung.

7. Dieser Sommer war für die Biergärten eine große Katastrophe. Es war so kalt, dass kaum Gäste kamen und sogar am Wochenende
   ○ Flaute herrschte.
   ○ alle im selben Boot saßen.

8. Im letzten Monat haben fünf Kollegen gekündigt. Man könnte das Gefühl bekommen,
   ○ sie werfen ihre Sorgen über Bord.
   ○ die Ratten verlassen das sinkende Schiff.

I Aus der Reihe tanzen

I1 Von A bis Z

Was bedeutet die Redewendung? Ordnen Sie zu.

1. Die Aufgaben kannst du *nach Schema* F lösen. [e]
2. Etwas *von A bis Z* lesen. [ ]
3. Nimm ein *x-beliebiges* Buch. [ ]
4. Die Vokabeln kann ich *aus dem Effeff*. [ ]
5. Das Essen war *eins a*. [ ]
6. Wiederholen ist beim Sprachenlernen *das A und O*. [ ]
7. Jetzt *setz dich* mal *auf deine vier Buchstaben*! [ ]

a) Nimm doch irgendein Buch.
b) Das Essen war richtig gut.
c) Die Vokabeln kann ich alle ohne Probleme.
d) Etwas von Anfang bis zum Ende lesen.
e) Diese Aufgaben kannst du alle auf die gleiche Art und Weise lösen.
f) Setz dich hin!
g) Das Wichtigste beim Sprachenlernen ist das Wiederholen.

Info

Der Popo ist der Körperteil, auf dem man sitzt. Er wird vor allem in der Familie so genannt.

I2 Ich muss mal wohin

Ergänzen Sie. Achten Sie auf die korrekte Form.

das stille Örtchen • ~~wohin~~ • mal verschwinden müssen • um die Ecke gehen • für kleine Jungs/Mädchen gehen

Wenn man mit Freunden und Bekannten unterwegs ist und auf die Toilette muss, sagt man dies meist nicht direkt. Stattdessen sagt man (1) „Ich muss mal *wohin*", (2) „Ich ________ mal *um* ________" oder (3) „Ich *muss* ________". Auch das Wort „Toilette" oder das umgangssprachliche Wort „Klo" verwendet man nicht so gerne, sondern man sagt: (4) „Ich ________ mal ________" oder man fragt: (5) „Wo ist hier ________?".

13 Kleider machen Leute

Was bedeutet die Redewendung oder das Sprichwort? Kreuzen Sie an.

1. Wir müssen die Ärmel hochkrempeln, damit wir mit dem Projekt fertig werden.
   - ○ Wir müssen uns schick machen, um fertig zu werden.
   - ⊗ Wir müssen konzentriert und schnell arbeiten, um rechtzeitig fertig zu werden.
2. Das ist Jacke wie Hose.
   - ○ Das ist völlig egal.
   - ○ Eine Jacke ist das Gleiche wie eine Hose.
3. Eva wird von ihrer Mutter immer mit Samthandschuhen angefasst.
   - ○ Eva wird von ihrer Mutter immer vorsichtig behandelt.
   - ○ Evas Mutter trägt immer Handschuhe.
4. Kleider machen Leute.
   - ○ Es ist egal, welche Kleidung man trägt.
   - ○ Gut gekleidete Menschen wirken positiv.
5. Bei den Müllers hat die Mutter die Hosen an.
   - ○ Frau Müller sagt, was zu tun ist.
   - ○ Frau Müller trägt nur Hosen.
6. Ben schiebt immer alles seinem großen Bruder in die Schuhe.
   - ○ Ben versteckt in den Schuhen seines großen Bruders immer Überraschungen.
   - ○ Ben sagt immer, dass sein großer Bruder schuld ist. Das stimmt aber nicht.
7. Rosalie hat ihr Abitur aus dem Ärmel geschüttelt.
   - ○ Sie ist wirklich schlau und hat das Abitur ohne große Mühe geschafft.
   - ○ Sie musste für ihr Abitur sehr viel lernen.
8. Für die Feier hat sich die ganze Familie in Schale geworfen.
   - ○ Auf der Feier gab es leckeren Nachtisch in bunten Schüsseln.
   - ○ Die ganze Familie hat sich für die Feier schick angezogen.

14 Immer dieser Hut

Was bedeutet die Redewendung? Ordnen Sie zu.

1. Manchmal weiß ich wirklich nicht, wie ich Karriere und Familie *unter einen Hut bringen* soll.
2. Mit Fußball *hat* Sandra überhaupt *nichts am Hut*. Handball interessiert sie viel mehr.
3. Vor dem Arzt meiner Mutter *ziehe* ich wirklich *den Hut*. Er hat die sehr komplizierte Operation sehr gut gemacht.
4. Der Witz *ist* ja wohl *ein alter Hut*! Kennst du keinen neueren?
5. Robert musste *seinen Hut nehmen*. Die Firma hatte einfach zu wenige Aufträge und musste einige Mitarbeiter entlassen.
6. Nach dem Gespräch mit der Chefin *war* Peter *so klein mit Hut*.

a) Vor der Leistung des Doktors habe ich großen Respekt.

b) Ihm wurde gekündigt.

c) Ich weiß oft nicht, wie ich den Job und meine Familie organisieren kann, sodass alle zufrieden sind.

d) Der Witz ist nichts Neues.

e) Für den beliebtesten Ballsport interessiert sie sich nicht.

f) Er hat danach aus Angst nichts mehr gesagt.

1	2	3	4	5	6
c					

15 Liebeleien

Was passt nicht? Streichen Sie.

1. Ich koche ihr was Leckeres: Liebe geht durch *den Magen* / ~~*durchs Herz*~~.
2. Er sieht ihre Fehler und Schwächen nicht. Liebe macht *taub/blind*.
3. Er wollte sich so gerne mit ihr verabreden. Doch sie hat ihm *einen Korb* / *einen Blumenstrauß* gegeben.

Info

Die Redewendungen „jemandem einen Korb geben“ und „einen Korb bekommen“ stammen aus dem Mittelalter. Wenn damals eine Frau einen Bewerber nicht heiraten wollte, dann wurde dem Mann ein Korb ohne Boden gebracht.

16 Die Ärmel hochkrempeln

Lesen Sie die Situationen. Passt die Redewendung? Kreuzen Sie an.

1. Der Arzt sagt, ich soll mehr Sport machen. Aber ich muss für meine Prüfungen noch so viel lernen. Wie soll ich das denn unter einen Hut bringen?
   ☒ passt ○ passt nicht
2. Hannes hat mit der Schule wirklich gar nichts am Hut. Er trifft sich nie mit Freunden und lernt den ganzen Tag.
   ○ passt ○ passt nicht
3. Simon hat sich so richtig in Schale geworfen. Er ging im Anzug in die Oper.
   ○ passt ○ passt nicht
4. Frank wollte einen guten Eindruck machen und hat sich für sein Bewerbungsgespräch in der Bank extra einen Anzug gekauft. Kleider machen Leute!
   ○ passt ○ passt nicht
5. Wenn wir alle mithelfen und die Ärmel hochkrempeln, ist der Umzug heute Abend geschafft.
   ○ passt ○ passt nicht
6. Ben hilft immer im Haushalt, er schiebt alles seiner Mama in die Schuhe.
   ○ passt ○ passt nicht
7. Sie verträgt absolut keine Kritik. Man muss sie immer mit Samthandschuhen anfassen.
   ○ passt ○ passt nicht
8. Caro war ganz schön von den Socken, als Lukas drei Wochen Neuseeland gebucht hatte.
   ○ passt ○ passt nicht

17 Mir ist ein Stein vom Herzen gefallen

Welche Redewendung passt? Kreuzen Sie an. Beide Lösungen können richtig sein. Die Bedeutung finden Sie rechts.

1. … als sie die schwierige Prüfung bestanden hatte. (Ich war sehr erleichtert und froh.)
   - ⊗ Ich habe drei Kreuze gemacht, …
   - ⊗ Mir ist ein Stein vom Herzen gefallen, …
2. … dass ich den Anmeldungstermin verpasst habe. (Es ärgert mich wahnsinnig.)
   - ○ Es fuchst mich, …
   - ○ Er traut dem Frieden nicht, …
3. Es gab in letzter Zeit keine Probleme mit der Chefin, aber … (Ich glaube nicht, dass die positive Stimmung lange anhält.)
   - ○ mir ist ein Stein vom Herzen gefallen.
   - ○ ich traue dem Frieden nicht.
4. Ich gehe nachts nicht durch den Park, dort ist es mir im Dunkeln … (Dort ist es mir dann zu unheimlich.)
   - ○ nicht geheuer.
   - ○ im grünen Bereich.
5. Ich bin von der langen Autofahrt … (Ich bin erschöpft.)
   - ○ fix und fertig.
   - ○ baff.
6. Da bin ich aber …, dass er die Prüfung doch noch geschafft hat. (Ich bin überrascht.)
   - ○ baff
   - ○ nicht geheuer
7. Der Hund bellt die ganze Zeit. Das … (Das Bellen stört mich.)
   - ○ geht mir echt auf den Wecker.
   - ○ geht mir echt auf den Keks.

18 Alter Schwede

Was bedeutet die Redewendung? Ordnen Sie zu.

1. Ich *fühle mich wie gerädert.* [b]
2. So ein Ärger. Wir mussten erst einmal *Dampf ablassen.* [ ]
3. Dein Verhalten *bringt mich auf die Palme.* [ ]
4. Dass er unser neuer Teamleiter wird, *geht mir* schon *gegen den Strich.* [ ]
5. *Verflixt und zugenäht.* Ich habe mein Portemonnaie vergessen. [ ]
6. *Alter Schwede,* bist du groß geworden! [ ]

a) Dein Verhalten ärgert mich.
~~b)~~ Ich bin völlig erschöpft.
c) Das gefällt mir nicht.
d) Wir mussten unsere Wut erst einmal abreagieren.
e) Wie ärgerlich. Ich habe meine Geldbörse nicht dabei.
f) Mensch, bist du bist aber wahnsinnig gewachsen!

19 Das geht mir auf den Keks

Sagen Sie es mit einer Redewendung. Es gibt zwei Möglichkeiten.

1. Die laute Musik stört mich. Die laute Musik geht mir auf den Keks. / geht mir auf den Wecker.
2. Ich bin von der langen Autofahrt total müde. Ich bin von der langen Autofahrt __________. / __________.
3. Sie ärgert sich über seine Unpünktlichkeit. Seine Unpünktlichkeit __________ __________. / __________.

Info

Wenn man die Haare einer Katze, also das Fell, in die falsche Richtung streichelt, dann mag sie das überhaupt nicht. In die falsche Richtung bedeutet in diesem Fall „gegen den Strich“. Die Redewendung „gegen den Strich“ bedeutet, dass uns etwas nicht gefällt, was aber nicht ganz so schlimm ist.
Mit der Redewendung „verflixt und zugenäht“ oder dem Ausruf „Mist!“ kann man schimpfen, ohne Schimpfworte in den Mund zu nehmen.
Die Redewendung „Alter Schwede“ drückt Überraschung aus. Sie entstand in der Zeit nach dem Dreißigjährigen Krieg, als der preußische König viele alte Soldaten aus Schweden als Ausbilder für seine Armee einstellte. Diese Männer waren beliebt und man begrüßte sie respektvoll mit „Alter Schwede“.

I10 Auf gut Deutsch gesagt

Was bedeutet die Redewendung? Ordnen Sie zu.

1. Was hier passiert ist, ist *auf gut Deutsch gesagt* eine Sauerei.
2. Jetzt habe ich *den Faden verloren*, wo war ich stehengeblieben?
3. Da hat er *sich seinen Teil gedacht*.
4. Sie hat ehrlich gesagt *kein Blatt vor den Mund genommen*.
5. Rede mit ihm nicht darüber. Das *ist* sein *wunder Punkt*.
6. Sie sagte *klipp und klar*, dass sie sein Verhalten nicht akzeptiert.

a) Er hat sich seine eigenen Gedanken gemacht und nicht darüber gesprochen.
b) Was hier geschehen ist, ist ehrlich und offen gesagt eine Schweinerei.
c) Sie hat deutlich ihre Meinung gesagt.
d) Sie sagte deutlich, dass sie nicht damit einverstanden ist, wie er sich verhält.
e) Jetzt weiß ich nicht mehr, was ich sagen wollte.
f) Das ist ein Thema, über das er nicht gerne spricht.

1	2	3	4	5	6
b					

I11 Reden wie ein Wasserfall

Ergänzen Sie. Achten Sie auf die korrekte Form.

schieben • ~~reden~~ • reden • schauen • lügen

1. Der Professor hat eine Stunde ohne Pause gesprochen. Er hat wirklich geredet wie ein Wasserfall.
2. Ja, ich kenne den Prof. Er r__________ immer ohne Punkt und Komma.
3. Der neue Praktikant strengt sich nicht an. Er sch__________ eine ruhige Kugel.
4. Ich habe Kopfschmerzen vom vielen Wein. Ich habe gestern ein bisschen zu tief ins Glas gesch__________.
5. Ich glaube ihm nicht. Ich bin mir sicher, er l__________ wie gedruckt.

Info

Die Redewendung „den Faden verlieren“ kommt vom Nähen mit Nadel und Faden.

I12 Etwas erledigen

Was bedeutet die Redewendung? Ordnen Sie zu.

1. Hier darf keiner *aus der Reihe tanzen.* c
2. Er *war nicht zu bremsen.* ☐
3. Ich muss erst die Wohnung *auf Vordermann bringen*, bevor ich in Urlaub kann. ☐
4. Bring das gleich zur Post. *Es ist höchste Eisenbahn.* Die schließen bald. ☐
5. So, wir haben das Geld. Ihr bekommt das Auto und die Papiere. *Klappe zu, Affe tot.* ☐
6. Er schaffte die Führerscheinprüfung *auf Anhieb.* ☐
7. Du kommst jetzt *schnurstracks* nach Hause! ☐
8. Sie fährt immer *auf den letzten Drücker* zum Flughafen. Das macht mich total nervös. ☐

a) Erst muss ich aufräumen, dann kann ich in die Ferien.

b) Der Verkauf des Autos ist jetzt abgeschlossen.

c) Niemand darf hier verschieden sein und auffallen.

d) Niemand konnte ihn aufhalten.

e) Du kommst jetzt sofort und auf dem kürzesten Weg nach Hause!

f) Er schaffte die Prüfung beim ersten Mal.

g) Es stresst mich, dass sie immer in letzter Minute fährt.

h) Das muss dringend erledigt werden.

Info

Die Redewendung „Klappe zu, Affe tot“ verwendet man, wenn eine Sache abgeschlossen und zu Ende ist. Woher die Redewendung kommt, ist nicht sicher. Es wird vermutet, dass sie aus der Welt des Zirkus stammt. Denn um Zuschauer anzulocken, wurde früher oft ein Affe in einer Holzkiste an der Kasse gezeigt. Starb das Tier, blieb die Kiste zu. „Anhieb“ meint eigentlich den ersten Hieb, das ist der erste Schlag, wenn ein Baum „geschnitten“, das heißt „gefällt“, wird.

I13 Er wird sein Wort halten

Was bedeutet die Redewendung? Ordnen Sie zu.

1. Ich hoffe, er *hält sein Wort* und feiert keine Party, wenn wir weg sind.
2. Es nervt, immer muss er *das letzte Wort haben*.
3. Kannst du beim Chef *ein gutes Wort* für Lisa *einlegen*. Sie möchte gerne eine Lehre in eurem Betrieb machen.
4. Man muss ihr *jedes Wort aus der Nase ziehen*. Das ist anstrengend.
5. Bitte *verliert kein Wort* über das, was wir heute besprochen haben.
6. Sie wollen uns zum Essen einladen, wenn wir das Projekt abgeschlossen haben? Wir *nehmen Sie beim Wort*.
7. Hier *kann* man ja *sein eigenes Wort nicht verstehen*.
8. Wenn die beiden über dieses Thema sprechen, *verstehe* ich *nur Bahnhof*.
9. Entschuldigung, ich *stehe* gerade *auf dem Schlauch*.

a) Sie erzählt immer nur etwas, wenn man sie danach fragt.
b) Ich hoffe, dass er sein Versprechen hält.
c) Kannst du dich bitte für sie einsetzen, damit sie eine Lehrstelle bei euch bekommt?
d) Wir verlassen uns darauf, dass wir nach dem Abschluss zusammen Essen gehen.
e) Es ist hier so laut, dass man sich nicht unterhalten kann.
f) Es ärgert mich, dass er am Ende immer noch einen Kommentar machen muss.
g) Sprecht bitte nicht über das, was hier geredet wurde.
h) Ich habe das leider gerade nicht verstanden.
i) Ich verstehe nichts, wenn sie sich über das Thema unterhalten.

1	2	3	4	5	6	7	8	9
b								

Info

„Schlauch" ist ein anderes Wort für „Kabel". Die Redewendung kommt daher, dass manche Menschen früher glaubten, Telefonnachrichten würden wie Wasser durch Schläuche fließen.

I14 Grüße aus Norddeutschland

Ergänzen Sie hier und auf Seite 82. Achten Sie auf die korrekte Form.

eine Schnute ~~ziehen~~ • ~~Fischköppe~~ • ~~So ein~~ Mumpitz! • hinne ~~machen~~ • Hackengas ~~geben~~ • in die Pötte ~~kommen~~ • in die Puschen ~~kommen~~ • ~~Von~~ nix kommt nix! • ~~So ein~~ Humbug • ~~Watt~~ mutt, datt mutt! • ~~Nicht~~ lang schnacken, Kopp in Nacken!

1. Als „*Fischköppe*" werden die norddeutschen Küstenbewohner bezeichnet – also Menschen, die in Städten wie Bremen und Hamburg oder in der norddeutschen Region leben. Meistens nennen sich die Norddeutschen nicht selbst so, sondern werden von anderen Deutschen aus Spaß so genannt.

2. „*Zieh* doch nicht so ____________!", sagt der Norddeutsche, wenn jemand schlecht gelaunt oder unzufrieden guckt. Besonders sagt man dies zu Kindern. Das Wort „Schnute" meint eigentlich „Schnauze". „Schnauze" ist das Wort für „Mund" bei einem Hund.
3. Mit „*mach* ____________" oder „*komm* ____________" fordert man vor allem in Norddeutschland gemütliche Menschen auf, sich zu beeilen. Wenn sie sich dann bewegen, „*kommen* sie endlich ____________". Aber es geht nicht nur gemütlich, sondern auch manchmal schnell vorwärts. Dann „*geben* sie ____________".
4. „*Watt* ____________." Was man machen muss, wird gemacht. Ohne lange zu reden oder zu klagen. Dieses Motto gehört zur norddeutschen Lebensweise und wird in verschiedenen Redewendungen ausgedrückt. Eine Wendung ist: „*Von* ____________" Diesen Spruch verwendet man, wenn man jemanden auffordert, einfach zu machen und nicht lange zu reden.

„Nicht ______________________________"

hört man in jeder Kneipe und ist ein bekannter Trinkspruch, der dasselbe meint.

5. Um auszudrücken, dass etwas nicht viel Sinn macht oder Quatsch ist, sagt man:

„So ein ______________!" oder auch „So ein ______________"

I15 Das Leben ist kein Ponyhof

Ergänzen Sie das Sprichwort.

Ende gut, alles gut • ~~Das Leben ist kein Ponyhof~~ • Lügen haben kurze Beine • Wer die Wahl hat, hat die Qual • Übung macht den Meister • Ohne Fleiß kein Preis • Das Leben ist kein Wunschkonzert • Wo ein Wille ist, ist auch ein Weg

1. Die Sprichwörter „Das Leben ist kein Ponyhof" sowie „______________________________" sagen aus, dass das Leben nicht nur Spaß macht und nicht immer alles einfach ist und alles so läuft, wie man es sich wünscht.
2. Das Sprichwort „______________________________" bedeutet, dass es sich nicht lohnt, zu lügen, da die Wahrheit meistens herauskommt. Die Idee, dass man mit Lügen nicht weit kommt, ist weit verbreitet. So lautet ein afrikanisches Sprichwort: Mit einer Lüge kannst du einmal essen, aber nicht zweimal.
3. Das alte Sprichwort „______________________________" sagt aus, dass man viel üben muss, wenn man Erfolg haben will.
4. „Soll ich den grauen oder doch den schwarzen Anzug anziehen?" Wenn man eine Auswahl hat und sich nicht entscheiden kann, verwendet man häufig das Sprichwort: „______________________________".
5. Das Sprichwort „______________________________" sagt aus, dass man etwas realisieren kann, wenn man es wirklich will.
6. Wenn etwas zu einem guten Ende kommt, obwohl es vorher schwierig war, sagt man: „______________________________".
7. Nur wenn du regelmäßig und konzentriert lernst, bekommst du gute Noten bei den Prüfungen: „______________________________".

Lösungen

A Tierisches

A1 2a 3b 4c 5d

A2 2. Sei kein Angsthase. 3. … weiß, wie der Hase läuft. 4. Mein Name ist Hase. Ich weiß von nichts. 5. Ach so, da liegt der Hase im Pfeffer.

A3 2. Diese Behauptung ist ja total lächerlich. 3. Sie ist eine Frühaufsteherin 4. Auch dem Unfähigsten kann mit Glück mal etwas gelingen. 5. Ihr sitzt alle dicht nebeneinander.

A4 2. … wie die Hühner auf der Stange sitzen. 3. … noch ein Hühnchen zu rupfen habe. 4. … steht immer mit den Hühnern auf. 5. … da lachen ja die Hühner.

A5 2e 3a 4c 5d

A6 2c 3a 4e 5d

A7 2. ~~finden~~, ~~Mücken~~ 3. ~~sieht~~, ~~Fliege~~ 4. ~~Känguru~~, ~~gesehen~~ 5. ~~Mücke~~, ~~machen~~

A8 2. eine Schlange 3. ein Fisch 4. ein Lamm 5. ein Fuchs 6. ein Löwe 7. eine Schnecke

A9 2. sanft wie ein Lamm 3. schlau wie ein Fuchs 4. mutig wie ein Löwe 5. langsam wie eine Schnecke 6. falsch wie eine Schlange 7. stumm wie ein Fisch

A10 2f 3g 4e 5b 6h 7c 8a

A11 2. Sie rannten gierig zum Büfett. 3. Jemand ist nicht da, wo er gesucht wird. Jemand ist abgehauen. 4. Ich habe dich durchschaut. Ich weiß, was du vorhast. 5. Ihm passieren immer Missgeschicke. Er hat Pech gehabt. 6. Ein einzelnes positives Ereignis bedeutet nicht, dass alles besser wird. 7. Sie schimpft immer ganz aufgeregt und laut. 8. Wer rechtzeitig erscheint, erhält den Zuschlag. Je früher man sich um etwas bemüht, desto größer sind die Erfolgschancen.

A12 2. Nachtigall, ick hör dir trapsen 3. … hat doch einen Vogel 4. stürzen sich … wie die Geier drauf 5. Nur der frühe Vogel fängt den Wurm. 6. schimpft wie ein Rohrspatz 7. Eine Schwalbe macht noch keinen Sommer 8. Ich glaube, der Vogel ist ausgeflogen

A13 2e 3h 4f 5c 6g 7d 8a

A14 2. ein Murmeltier 3. das schwarze Schaf 4. Schmetterlinge 5. ein bunter Hund 6. Bock 7. eine Laus 8. ein dicker Hund

A15 2e 3d 4a 5c

A16 2. Das kann kein Schwein lesen. 3. Da ist der Bär los. Da steppt der Bär.

A17 2b 3c 4a 5d

A18 2. ~~Schinken~~ 3. ~~Wurm~~ 4. ~~schläft~~ 5. ~~gepustet~~

A19 2e 3a 4b 5d

A20 2. hatte Schwein / habe Schwein gehabt 3. kostet ein Schweinegeld 4. die Sau rausgelassen 5. wie eine gesenkte Sau fährt

A21 2. Rabeneltern 3. ein hohes Tier 4. keine Kuhhaut 5. der Geier 6. Schmidts Katze

B Rund ums Geld

B1 2e 3a 4i 5c 6f 7g 8d 9h

B2 2. Das war total billig. 3. Wir müssen jetzt sparen. 4. Wir haben kein Geld mehr. Wir sitzen vor leeren Gläsern und haben nichts zu trinken. 5. Er muss sein ganzes Geld für das normale Leben ausgeben. Er kann nichts sparen. 6. Er kann jetzt nicht mehr so oft essen gehen und in den Urlaub fahren. 7. Ich habe gerade wenig Geld. 8. Er hat große finanzielle Schwierigkeiten. 9. Das kann nicht viel kosten. Das kann doch nicht so teuer sein.

B3 2. gebeten 3. gerissen, knapp 4. legen

B4 2. unter die Arme 3. der Tasche 4. eine Stange Geld, ein Schweinegeld 5 die Welt 6 stinkt

B5 2a 3e 4b 5c 6g 7f

C Lauter Lebensmittel

C1 2c 3e 4a 5d

C2 2 Hier geht es um die Wurst 3 Er bekommt mal wieder eine Extrawurst 4 Er hat den Braten gerochen 5 Sie spielt noch immer die beleidigte Leberwurst

C3 2. Sie ist sehr wütend. 3. Sie hat das Wichtigste nicht gesagt. 4. Ich werde dem Chef nicht sagen, dass die Praktikantin Fehler in ihrem Bericht hat. 5. Es war schon vorher klar, dass das passieren wird. 6. Mach bitte das Fenster zu. Hier zieht's. 7. Rede doch nicht so einen Unsinn! 8. Er gibt wirklich zu allem einen Kommentar ab!

C4 2. bleiben, wo der Pfeffer wächst 3. Das ist nicht mein Bier! 4. reinen Wein 5. Da wird auch nur mit Wasser gekocht! 6. Alles in Butter!

C5 2d 3a 4c

C6 2. passt nicht 3. passt 4. passt 5. passt nicht

C7 2g 3a 4b 5f 6d 7e

C8 2. Hör auf, mir so viele übertrieben nette Sachen zu sagen. 3. Die Pralinen waren sehr begehrt und schnell ausverkauft. 4. Auch mit Nachhilfe und viel lernen wird er nicht in die 6. Klasse kommen. 5. Sie sucht sich immer das Beste raus. 6. Er ist sehr unfreundlich.

C9 2i 3a 4c 5b 6f 7d 8e 9h

D Rot sehen

D1 2f 3a 4b 5c 6e

D2 2. Ich glaube, dass an Weihnachten Schnee liegen wird. 3. Ohne gültigen Fahrschein fahren ist teuer, wenn man kontrolliert wird. 4. Sie arbeitet, ohne Steuern und Sozialabgaben zu bezahlen. 5. Komm, jetzt sieh doch nicht alles so negativ!

D3 2. ~~grau~~ 3. ~~graue~~ 4. ~~grün~~ 5. ~~gelb~~

D4 2d 3f 4b 5a 6e

D5 2. blauäugig 3. Morgenstund hat Gold im Mund 4. Da bist du aber mit einem blauen Auge davongekommen 5. war blau

D6 2. grünes Licht 3. Den Tag 4. eine graue Maus 5. dasselbe in Grün 6. ein rotes Tuch 7. beißen sich 8. sieht nicht gerade rosig aus

E Von Kopf bis Fuß

E1 1b: panisch reagieren und den Überblick verlieren 1c: traurig und mutlos sein 2a: etwas nicht ändern können, egal, was man tut 2b: intensiv nachdenken 2c: sich etwas überlegen 3a: angestrengt nachdenken oder lernen 3b: jemanden verliebt machen 3c: jemandem seine Meinung sagen 4a: ruhig bleiben 4b: kompromisslos seinen Willen durchsetzen 4c: klug oder geschickt sein

E2 2. nicht den Kopf zerbrechen 3. durch den Kopf gehen lassen 4. den Kopf verdreht 5. auf den Kopf stellen 6. den Kopf nicht hängen 7. mit dem Kopf durch die Wand 8. den Kopf waschen

E3 2. Wir beide müssen uns allein unterhalten. 3. Dabei kann ein Unfall passieren. 4. Könntest du den Brief kurz lesen? 5. Dieses eine Mal toleriere ich den Fehler noch und er hat keine Konsequenzen. 6. Man muss diese schwierigen Zeiten schnell hinter sich bringen. 7. Ich hatte jahrelang keinen Kontakt mit ihm.

E4 2a 3g 4e 5b 6c 7f

E5 2. unter vier Augen miteinander sprechen. 3. ein Auge darauf werfen? 4. bin ich auch nicht auf den Mund gefallen! 5. Das hätte ins Auge gehen können!

E6 2. ~~heruntergefallen~~ 3. ~~zubeißen~~ 4. ~~fassen~~ 5. ~~im Weg~~

E7 2a 3e 4b 5c

E8 2. hast 3. die andere 4. reibst 5. freie 6. zweiter 7. liegt 8. rechte

E9 2. Hand 3. kalte 4. gefasst 5. liegt 6. fällt 7. treten

E10 2e 3h 4a 5d 6i 7b 8g 9f

E11 (2) herbeigezogen (3) Füße (4) Zahn (5) kriegen (6) freie (7) Fuß (8) stellen (9) stehen (10) Hand (11) Arm (12) getreten (13) reiben (14) liegen (15) Hand (16) Fuß (17) gefallen

E12 2. Sie gewinnt die Lehrer mit Charme für sich und bekommt so ihren Willen. 3. Ich wünsche dir viel Glück. 4. Sie hat das heimlich gemacht. 5. Dir fällt immer irgendetwas ein. 6. Du solltest es nicht machen, weil du das nicht kannst. 7. Ich muss dringend meine Arbeit erledigen.

E13 2. aus dem Bauch heraus. 3. in den falschen Hals 4. zum Hals heraus! 5. auf dem Herzen? 6. ein Stein 7. ein Herz und eine Seele! 8. in die Hose gerutscht.

E14 2e 3d 4a 5g 6c 7b

E15 2. verschlägt 3. halten 4. gleichen

E16 2d 3a 4e 5b

E17 2. mich mit ihm in die Haare 3. brennt ... auf den Nägeln 4. kein Beinbruch 5. meinen Ohren nicht trauen 6. übers Knie brechen 7. den Kopf nicht hängen lassen 8. einen Zahn zulegen 9. auf dem Herzen hast

F Rund ums Haus

F1 2e 3a 4j 5i 6m 7h 8d 9b 10g 11f 12l 13k

F2 2. mit der Tür ins Haus falle 3. ganz aus dem Häuschen 4. lass mal die Kirche im Dorf 5. das ganze Haus auf den Kopf gestellt 6. nach Art des Hauses 7. Wer im Glashaus sitzt, soll nicht mit Steinen werfen 8. die Bude eingerannt 9. hängt der Haussegen schief 10. zu Hause hocken 12. gehen aufs Haus

F3 2e 3a 4c 5d

F4 2. geht zum Lachen in den Keller. 3. ein Dach über dem Kopf 4. unter Dach und Fach

F5 2d 3a 4b

F6 2. in Teufels Küche kommst 3. gegen eine Wand zu reden 4. hat ... an die Wand gefahren

F7 2. in Teufels Küche kommen 3. an die Wand gefahren 4. mal den Teufel nicht an die Wand

F8 2a 3e 4b 5c 6g 7h 8f

F9 2. In deinem Zimmer ist es total unordentlich. 3. Er ist verrückt! 4. Alle, ohne Ausnahme, haben heute schlecht gespielt! 5. Mein Arzt sagt, ich soll im Bett bleiben. 6. Sie hielten eine Rede, ohne nervös zu sein. 7. Den neuen Film fanden wir nicht so gut. 8. Du erledigst die Steuererklärung nicht, sondern verschiebst diese unbeliebte Aufgabe andauernd.

F10 2e 3a 4i 5c 6f 7g 8d 9h

F11 2. ~~Tisch~~ 3. ~~Rahmen~~ 4. ~~Kasten~~ 5. ~~den Hocker~~ 6. ~~Boden~~ 7. ~~Boden~~

F12 2. aus dem Staub gemacht. 3. nen Besen. 4. abgestaubt. 5. an den Nagel hängen. 6. Das Fass sollten wir nicht aufmachen. 7. ist im Eimer. 8. gerade auf dem Schlauch.

G Donnerwetter

G1 2f 3e 4a 5b 6d 7h 8g

G2 2. schießen 3. Sonnenschein 4. greifen 5. hinter 6. Sonnenschein 7. steht

G3 2. nach den Sternen greifen? 3. Auf Regen folgt Sonnenschein. 4. lebst du hinter dem Mond? 5. Da weht jetzt ein anderer Wind. 6. es steht unter einem schlechten Stern.

G4 2. Das Projekt wird für später aufgehoben. 3. Sie ist gekommen, ohne sich anzumelden. 4. Sie hat ihrer Freundin in einer schwierigen Situation nicht geholfen. 5. Das ist nicht mehr aktuell. 6. Durch das leckere Abendessen wurde die Stimmung gut und locker. 7. Meine Situation hat sich weiter verschlechtert. 8. Der Anwalt versucht, ihn durch seine Fragen unsicher zu machen.

G5 (2) Liebe (3) schwebst (4) Luftschlösser (5) gehen (6) auflösen (7) halt ... an (8) gelegen (9) Blaue (10) auf Erden

G6 2. (1) 3. (3) 4. (4) 5. (10) 6. (2) 7. (8) 8. (6) 9. (7) 10. (5)

G7 2. heiterem 3. gerührt 4. abgeblitzt

G8 2a 3e 4b 5c 6g 7d 8i 9h

G9 2. ich bin abgeblitzt. 3. Ich bin vom Regen in die Traufe gekommen. 4. Sie ist aus allen Wolken gefallen, 5. Also liegt die Reise erst einmal auf Eis? 6. Schnee von gestern.

H Klar Schiff machen

H1 1. Versuche, heute Abend nicht an deine Sorgen zu denken. 3. Sie ist oberflächlich und spricht nur über alltägliche und langweilige Dinge. 4. Eigentlich haben wir doch dieselben Interessen und Ziele. 5. Sie wollte Anna nicht mehr zuhören. 6. Wenn ich endlich in einer Führungsposition bin, werde ich ...

H2 2. Dampfer 3. Schiffbruch 4. Ruder 5. Flaute. 6. Segeln 7. streiche 8. Ratten

H3 2. Wassern 3. hält sich 4. ein Fels 5. hohe Wellen

H4 2. mache ich die Schotten dicht 3. halte ich mich über Wasser, 4. ist mit allen Wassern gewaschen. 5. die Segel streichen. 6. die Veranstaltung ist total aus dem Ruder gelaufen. 7. Flaute herrschte. 8. die Ratten verlassen das sinkende Schiff.

I Aus der Reihe tanzen

I1 2d 3a 4c 5b 6g 7f

I2 (2) Ich gehe mal um die Ecke. (3) Ich muss mal verschwinden. (4) Ich gehe mal für kleine Jungs/Mädchen. (5) das stille Örtchen

I3 2. Das ist völlig egal. 3. Eva wird von ihrer Mutter immer vorsichtig behandelt. 4. Gut gekleidete Menschen wirken positiv. 5. Frau Müller sagt, was zu tun ist. 6. Ben sagt immer, dass sein großer Bruder schuld ist. Das stimmt aber nicht. 7. Sie ist wirklich schlau und hat das Abitur ohne große Mühe geschafft. 8. Die ganze Familie hat sich für die Feier schick angezogen.

I4 2e 3a 4d 5b 6f

I5 2. ~~taub~~ 3. ~~einen Blumenstrauß~~

I6 2. passt nicht 3. passt 4. passt 5. passt 6. passt nicht 7. passt 8. passt

I7 2. Es fuchst mich, ... 3. ich traue dem Frieden nicht. 4. nicht geheuer. 5. fix und fertig. 6. baff 7. geht mir echt auf den Wecker. / geht mir echt auf den Keks.

I8 2d 3a 4c 5e 6f

I9 2. fix und fertig / wie gerädert 3. fuchst sie / bringt sie auf die Palme

I10 2e 3a 4c 5f 6d

I11 2. redet 3. schiebt 4. geschaut 5. lügt

I12 2d 3a 4h 5b 6f 7e 8g

I13 2f 3c 4a 5g 6d 7e 8i 9h

I14 2. eine Schnute 3. hinne, in die Pötte, in die Puschen, Hackengas 3. mutt, dat mutt, nix kommt nix, lang schnacken, Kopp in Nacken 4. Humbug, Mumpitz

I15 1. Das Leben ist kein Wunschkonzert 2. Lügen haben kurze Beine 3. Übung macht den Meister 4. Wer die Wahl hat, hat die Qual 5. Wo ein Wille ist, ist auch ein Weg 6. Ende gut, alles gut 7 Ohne Fleiß kein Preis

Verzeichnis Redewendungen

A

das **A** und O das Wichtigste

von **A** bis Z vom Anfang bis zum Ende

eins **a** richtig gut

etw. **abstauben** etw. mitnehmen/bekommen, ohne dafür zu bezahlen

das Blut gefriert einem in den **Adern** jd ist so erschrocken, dass er sich nicht mehr bewegen kann

Affentheater unnötiges und aufgeregtes Verhalten

Klappe zu, **Affe** tot eine Sache ist zu Ende

ein **Angsthase** sein ängstlich sein

auf **Anhieb** sofort; beim ersten Mal

der **Apfel** fällt nicht weit vom Stamm *scherzhaft* jemand ist in seinem Verhalten den Eltern sehr ähnlich

in den sauren **Apfel** beißen etwas Unangenehmes tun müssen

für 'n **Appel** und 'n Ei sehr günstig

jdm (finanziell) unter die **Arme** greifen jdn (finanziell) unterstützen

jdn auf den **Arm** nehmen *ironisch* sich einen Spaß mit jdm machen

die **Ärmel** hochkrempeln konzentriert und schnell arbeiten, um rechtzeitig fertig zu werden

etw. aus dem **Ärmel** schütteln etwas ohne Anstrengung/Mühe schaffen

die **Arschkarte** ziehen *abwertend* der Verlierer sein, Pech haben

einen langen **Atem** haben etw. lange durchhalten, viel Geduld haben

es verschlägt einem den **Atem** etw. schockiert einen, sodass man nicht weiß, was man sagen soll (negativ und positiv)

jdn in **Atem** halten jdn dauernd beschäftigen

etw. im gleichen **Atemzug** sagen gleichzeitig etw. Gegenteiliges sagen

mit einem blauen **Auge** davonkommen einer gefährlichen Situation / einem Problem mit einem kleinen Schaden entkommen

Tomaten auf den **Augen** haben *scherzhaft* etw. Offensichtliches nicht sehen

unter vier **Augen** zu zweit, ohne weitere Zuhörer

etw. geht ins **Auge** etw. Schlimmes passiert

ein **Auge** auf etw. werfen etw. kurz überprüfen

ein **Auge** zudrücken einen Fehler tolerieren, der normalerweise bestraft wird

Augen zu und durch! etwas durchführen, ohne Schwierigkeiten oder Kritik zu beachten

jdn aus den **Augen** verlieren längere Zeit keinen Kontakt zu jdm haben

B

baff sein sehr überrascht sein

nur **Bahnhof** verstehen etwas nicht verstehen

durch die **Bank** ohne Ausnahme

etw. auf die lange **Bank** schieben etw. Unangenehmes nicht gleich erledigen, sondern verschieben

Da ist der **Bär** los. / Da steppt der **Bär**. Da ist viel los. Da wird kräftig gefeiert.

jdm Löcher in den **Bauch** fragen *scherzhaft* jdn viel fragen

aus dem **Bauch** heraus intuitiv, von Gefühlen geleitet

Schmetterlinge im **Bauch** haben verliebt sein

etw. auf die **Beine** stellen etw. organisieren/ aufbauen

sich kein **Bein** ausreißen *abwertend* sich keine Mühe geben

sich die **Beine** in den Bauch stehen *scherzhaft* sehr lange warten

etw. ist kein **Beinbruch** es ist nicht schlimm

die Haare stehen einem zu **Berge** über etw. entsetzt oder erschrocken sein

im grünen **Bereich** sein alles ist in Ordnung

einen **Besen** fressen sicher sein, dass etwas anders kommt, als angekündigt

das **Bett** hüten müssen wegen Krankheit im Bett bleiben müssen

das ist nicht mein **Bier** das geht mich nichts an; das ist nicht mein Problem

im **Bilde** sein ich weiß schon, worum es geht

blaumachen schwänzen; ohne wichtigen Grund nicht zur Arbeit/Schule gehen

blau sein betrunken sein; zu viel Alkohol getrunken haben

blauäugig sein naiv/gutgläubig sein

kein **Blatt** vor den Mund nehmen deutlich seine Meinung sagen

wie ein geölter **Blitz** *salopp* sehr schnell

(wie ein **Blitz**) aus heiterem Himmel etw. kommt sehr plötzlich und überraschend

abblitzen *salopp* keinen Erfolg haben bei jdn

Es gibt böses **Blut**. Es gibt Ärger oder Streit.

etw. im **Blut** haben für etw. begabt/talentiert sein

das **Blut** gefriert einem in den Adern jd ist so erschrocken, dass er sich nicht mehr bewegen kann

Blut geleckt haben *scherzhaft* etw. gefällt einem, wenn man es ausprobiert, und man möchte mehr oder es weitermachen

Blut und Wasser schwitzen große Angst haben, unter Stress stehen

keinen **Bock** auf etw. haben *salopp* keine Lust haben, etw. zu tun

etw. aus dem **Boden** stampfen etw. schnell bauen

jd würde am liebsten im (Erd-) **Boden** versinken jdm ist etwas sehr unangenehm

am **Boden** zerstört sein wegen eines Misserfolges traurig und enttäuscht sein

im selben **Boot** sitzen dieselben Interessen und Ziele haben

jdn mit ins **Boot** holen die Zusammenarbeit mit jdm anfangen

etw. über **Bord** werfen Prinzipien, Pläne oder Ähnliches aufgeben, fallen lassen

ein Fels in der **Brandung** sein jd ist immer ruhig und zuverlässig, auch in schwierigen Situationen

den **Braten** riechen ahnen, was (Unangenehmes) auf einen zukommt

um den heißen **Brei** herumreden das eigentlich Wichtige verschweigen; nicht wagen, etwas Bestimmtes zur Sprache zu bringen

viele Köche verderben den **Brei** wenn sich zu viele Leute gleichzeitig um eine Sache kümmern, kommt oft nichts Gutes dabei heraus

nicht zu **bremsen** sein jdn nicht aufhalten können

sich auf die vier **Buchstaben** setzen sich hinsetzen (auf den „Popo")

Rutsch mir den **Buckel** runter! *abwertend* Lass mich in Ruhe! Das interessiert mich nicht!

jdm die **Bude** einrennen es gibt sehr großes Interesse an einem Angebot

alles in **Butter** alles in Ordnung

D

unter **Dach** und Fach sein etw. beendet/ abgeschlossen haben (k)ein **Dach** über dem Kopf haben (k)eine Unterkunft haben

jdm aufs **Dach** steigen sich bei jdm wegen etw. sehr Störendem beschweren und der Person verärgert sagen, was sie Falsches gemacht hat

Dampf ablassen seinem Ärger Luft machen

auf dem falschen **Dampfer** sein *salopp* sich geirrt haben oder das Gefühl haben, am falschen Platz zu sein

einen grünen **Daumen** haben ein guter Gärtner / eine gute Gärtnerin sein

die **Daumen** drücken jdm Glück wünschen

an die **Decke** gehen sehr wütend werden; vor Wut fast explodieren

jdm fällt die **Decke** auf den Kopf sich in einem Raum / zu Hause nicht mehr wohlfühlen

vor Freude an die **Decke** springen sich sehr freuen

mit jdm unter einer **Decke** stecken im Geheimen zusammenarbeiten

auf gut **Deutsch** gesagt etw. ehrlich und offen sagen

wie vom **Donner** gerührt vor Schreck ganz still und unbewegt

die Kirche (mal) im **Dorf** lassen man will eine Sache nicht übertreiben, eine Sache nicht wichtiger machen, als sie ist

auf den letzten **Drücker** in letzter Minute, gerade noch rechtzeitig

E

um die **Ecke** gehen auf Toilette gehen

wie ein rohes **Ei** behandeln sehr vorsichtig mit etwas umgehen

wie aus dem **Ei** gepellt sein sehr ordentlich angezogen sein

sich gleichen wie ein **Ei** dem anderen sich zum Verwechseln ähnlich sehen

ungelegte **Eier** etwas ist noch nicht spruchreif

im **Eimer** sein kaputt sein

auf **Eis** liegen auf einen späteren Zeitpunkt verschoben werden

das **Eis** brechen eine anfangs kühle und unangenehme Atmosphäre auflockern

etw. ist höchste **Eisenbahn** etw. muss dringend erledigt werden

jdn **eiskalt** erwischen *salopp* unangenehm überraschen

sich wie ein **Elefant** im Porzellanladen benehmen sich anderen gegenüber taktlos/ungeschickt verhalten

aus einer Mücke einen **Elefanten** machen sehr übertreiben

Ende gut, alles gut. Etwas kommt zu einem guten Ende, obwohl es vorher schwierig war.

Erbsenzähler jd, der alles ganz genau nimmt

der Himmel auf **Erden** etw. ist so gut, dass es besser nicht sein kann

sich für etw. **erwärmen** Symphatie zeigen für etw.; sich an etw. gewöhnen

stur wie ein **Esel** sehr stur/trotzig sein

eine **Extrawurst** bekommen jdn besonders, bevorzugt behandeln

F

unter Dach und **Fach** sein etw. beendet/ abgeschlossen haben

den **Faden** verlieren nicht mehr wissen, wie man weitersprechen möchte

die **Farben** beißen sich die Farben passen nicht zusammen

ein **Fass** aufmachen einen Punkt/Idee zu einer Diskussion beitragen, der zu Auseinandersetzungen führt

ein **Fels** in der Brandung sein jd ist immer ruhig und zuverlässig, auch in schwierigen Situationen

weg vom **Fenster** sein chancenlos sein; nicht mehr dabei sein das Geld zum **Fenster** rauswerfen sein Geld ohne nachzudenken ausgeben

für jdn die Hand ins **Feuer** legen jdm absolut vertrauen und das anderen Personen versichern

aus dem **Effeff** (FF) können etw. mühelos beherrschen und auswendig können

keinen **Finger** krumm machen *abwertend* nichts machen, nicht helfen

jdn um den kleinen **Finger** wickeln jdn mit viel Charme dazu bringen, alles für einen zu machen

die **Finger** im Spiel haben sich heimlich an etw. beteiligen, im Hintergrund mitmachen

sich etw. aus den **Fingern** saugen *scherzhaft* sich etw. einfallen lassen, sich etw. ausdenken

die **Finger** von etw. lassen etw. nicht machen, auf etw. verzichten

stumm wie ein **Fisch** sehr schweigsam sein; kein Wort sprechen

Fischkopp *Dialekt* norddeutscher Küstenbewohner

fix und fertig sein völlig erschöpft sein

es herrscht **Flaute** nichts geht weiter, nichts ist los

Ohne **Fleiß** kein Preis! Nur wer sich bemüht, hat Erfolg.

die **Fliege** machen *salopp* schnell weggehen / abhauen

keiner **Fliege** etwas zuleide tun können sehr freundlich und lieb sein

zwei **Fliegen** mit einer Klappe schlagen zwei Ziele auf einmal erreichen

jdm einen **Floh** ins Ohr setzen in jdm einen Wunsch wecken

eine **Flut** von etw. sehr oder zu viel von etw.

dem **Frieden** nicht trauen nicht glauben, dass eine positive, friedliche Stimmung lange hält

einen **Frosch** im Hals haben eine kratzige Stimme haben oder sich räuspern, bevor man sprechen kann

schlau wie ein **Fuchs** intelligent, klug sein

wo sich **Fuchs** und Hase gute Nacht sagen *scherzhaft* ein einsamer, abgelegener Ort

etw. **fuchst** jdn etw. ärgert jdn sehr

mit dem falschen **Fuß** aufgestanden sein *scherzhaft* schlechte Laune haben

auf großem **Fuß** leben viel Geld ausgeben / aufwendig leben

Hand und **Fuß** haben gut durchdacht oder gut vorbereitet sein

Fuß fassen sich an etw. gewöhnen, Sicherheit gewinnen

auf eigenen **Füßen** stehen selbstständig und unabhängig sein

kalte **Füße** bekommen Angst bekommen, keinen Mut haben

jdm zu **Füßen** liegen alles für jdn machen, jdn grenzenlos lieben

auf die **Füße** fallen Glück haben, nach einem Problem ohne Schwierigkeiten weitermachen

jdm auf die **Füße** treten jdn beleidigen oder verletzen

keinen **Fuß** vor die Tür setzen nicht rausgehen

G

eine **Gänsehaut** haben frieren; wenn die Haut vor Kälte stoppelig wird und die Härchen sich aufrichten

nicht **geheuer** unheimlich

wie die **Geier** *abwertend* gierig und rücksichtslos sein / auf den eigenen Vorteil bedacht

Weiß der **Geier** … *salopp* Ich weiß wirklich nicht …

ins **Geld** gehen sehr teuer sein / viel kosten

einen Haufen / eine Stange **Geld** haben viel Geld haben

Geld wie Heu haben sehr reich sein

das **Geld** liegt auf der Straße das ist einfach verdientes Geld

etw. zu **Geld** machen etw. verkaufen

Geld in die Hand nehmen Geld einsetzen

das **Geld** zum Fenster rauswerfen sein Geld ohne nachzudenken ausgeben

Geld regiert die Welt. Wer viel Geld hat, hat auch Macht und Einfluss.

im **Geld** schwimmen sehr viel Geld haben

Geld stinkt nicht. Es ist egal, woher das Geld kommt oder womit man es verdient hat.

jdm das **Geld** aus der Tasche ziehen hohe/überhöhte Rechnungen stellen; jdn dazu bringen viel Geld auszugeben

jdn aufs **Glatteis** führen jdn verunsichern wollen

wie **gerädert** völlig erschöpft

zu tief ins **Glas** schauen zu viel Alkohol trinken

Wer im **Glashaus** sitzt, soll nicht mit Steinen werfen. Man soll anderen keine Fehler vorwerfen, die man selber hat oder macht.

etw. (nicht) an die große **Glocke** hängen etw. (nicht) allen erzählen

alles **grau** in grau sehen etwas negativ sehen/einschätzen

der **Groschen** fällt bei jdm jd versteht etw. endlich

(das ist) dasselbe in **Grün** (das ist) fast dasselbe, (das ist) eigentlich nichts anderes; (das ist) eine langweilige Wiederholung

den **Gürtel** enger schnallen nicht so viel Geld ausgeben können; seine Bedürfnisse einschränken

H

ein **Haar** in der Suppe finden an einer sonst guten Sache etwas entdecken, was einen stört

Haare auf den Zähnen haben *abwertend* eine Frau, die gern streitet und aggressiv ist

an den **Haaren** herbeigezogen sein etw. macht keinen Sinn und passt nicht dazu

sich in die **Haare** kriegen sich streiten

die **Haare** stehen einem zu Berge über etw. entsetzt oder erschrocken sein

Hackengas geben sich schnell bewegen

der **Hahn** im Korb sein der einzige Mann in einer Gruppe von Frauen sein

nach etw. kräht kein **Hahn** mehr etw. interessiert niemanden mehr

etw. in den falschen **Hals** bekommen *salopp* etw. missverstehen, sich angegriffen/beleidigt fühlen

etw. hängt mir zum **Hals** heraus *salopp* ich habe etw. zu oft oder zu lange gemacht/gehört/gesehen, jetzt ist es mir langweilig

einen Frosch im **Hals** haben eine kratzige Stimme haben oder sich räuspern, bevor man sprechen kann

Geld in die **Hand** nehmen Geld einsetzen

von der **Hand** in den Mund leben das ganze Geld für das normale Leben ausgeben

für jdn die **Hand** ins Feuer legen jdm absolut vertrauen und das anderen Personen versichern

etw. in der **Hand** haben für etw. verantwortlich sein, es unter Kontrolle haben

Eine **Hand** wäscht die andere. Wenn jd etw. für mich tut, werde ich etw. für ihn tun.

sich die **Hände** reiben sich freuen, wenn einem Konkurrenten etw. passiert

jdm freie **Hand** lassen jdn selbstständig entscheiden lassen

aus zweiter **Hand** gebraucht

etw. liegt auf der **Hand** etw. ist eindeutig und klar

die rechte **Hand** sein der/die wichtigste Mitarbeiter/in sein

Da liegt der **Hase** im Pfeffer. Das ist das Problem / die eigentliche Ursache.

wo sich Fuchs und **Hase** gute Nacht sagen *scherzhaft* ein einsamer, abgelegener Ort

wissen/erkennen, wie der **Hase** läuft wissen, wie eine Sache weitergeht

Mein Name ist **Hase**, ich weiß von nichts. sagen, keine Ahnung von etw. zu haben

aufs **Haus** gehen etw. ist umsonst und eine Einladung des Wirtes

das **Haus** hüten aus irgendeinem Grund zu Hause bleiben

das ganze **Haus** auf den Kopf stellen intensiv nach etw. suchen

Komm du (mir) nur nach **Hause**! im Spaß gemeinte Androhung von Ärger und Strafe

aus dem **Häuschen** sein vor Freude ganz aufgeregt sein

zu **Hause** hocken *salopp* nicht rausgehen

nach Art des **Hauses** auf eine für dieses Restaurant typische Art und Weise

eine **Hausnummer** nennen die ungefähren Kosten / den ungefähren Wert nennen

mit der Tür ins **Haus** fallen sagen, was man will, ohne vorher etwas anzukündigen

bei jdm hängt der **Haussegen** schief in der Beziehung/Ehe herrscht schlechte Stimmung und es gibt

es zieht wie **Hechtsuppe** es zieht; es gibt einen starken Luftzug; es ist kalt

zu **heiß** gebadet haben *salopp* verrückt sein

heiß begehrt sein von allen gewollt

heiß hergehen *salopp* leidenschaftlich, intensiv, heftig ablaufen

wie bei **Hempels** unterm Sofa sehr chaotisch und unordentlich

hereinschneien plötzlich und unangemeldet kommen

etw. auf dem **Herzen** haben über etw. sprechen wollen, einen Wunsch haben

jdm fällt ein Stein vom **Herzen** man ist erleichtert und von einem großen Problem befreit

ein **Herz** und eine Seele sein sehr eng befreundet oder verbunden sein

jdm rutscht das **Herz** in die Hose jd bekommt Angst

Geld wie **Heu** haben sehr reich sein

das Blaue vom **Himmel** herunter versprechen Versprechungen machen, die man nicht halten kann

(wie ein Blitz) aus heiterem **Himmel** etw. kommt sehr plötzlich und überraschend

der **Himmel** auf Erden etw. ist so gut, dass es besser nicht sein kann

für jdn die Sterne vom **Himmel** holen bereit sein, alles für jdn zu machen

hinne machen sich beeilen

Das geht mir am **Hintern** vorbei. *salopp* Das interessiert mich nicht.

den **Hintern** nicht hoch kriegen *salopp* faul sein

jdm in den **Hintern** treten *salopp* jdn antreiben, zu einer Aktion bringen

sich in den **Hintern** beißen *salopp* sich über sich selbst ärgern

Hummeln im **Hintern** haben nicht still sitzen können

etw. reißt/haut einen nicht vom **Hocker**/Stuhl etwas hat mir nicht besonders gut gefallen; etwas hat mich nicht positiv überrascht

locker vom **Hocker** ohne Nervosität, Anstrengung und Mühe

jdm **Honig** ums Maul schmieren jdm schmeicheln/ nette Dinge sagen, um ihn günstig für sich zu stimmen

Da ist **Hopfen** und Malz verloren. bei etw. ist alle Mühe umsonst

die **Hosen** anhaben alles bestimmen

Das ist Jacke wie **Hose**. Das ist völlig egal.

Ein blindes **Huhn** findet auch mal ein Korn. Auch dem Unfähigen gelingt mit Glück einmal etwas.

herumlaufen wie ein aufgescheuchtes **Huhn** nervös durch die Gegend laufen, aufgeregt sein

mit jdm noch ein **Hühnchen** zu rupfen haben mit jdm noch etw. klären müssen

da lachen ja die **Hühner** etwas ist lächerlich

wie die **Hühner** auf der Stange sitzen *scherzhaft* dicht nebeneinander sitzen

mit den **Hühnern** aufstehen *scherzhaft* sehr früh aufstehen

Humbug Quatsch, Unfug, Blödsinn

Hummeln im Hintern haben nicht still sitzen können

wie **Hund** und Katz(e) sein ständig streiten, sich nicht vertragen

bekannt wie ein bunter **Hund** überall bekannt sein

ein dicker **Hund** ein schwerer Fehler; eine Frechheit

etw. unter einen **Hut** bringen etw. miteinander vereinbaren / etw. zusammenbringen

mit etw. nichts am **Hut** haben sich für etw. nicht interessieren

seinen **Hut** nehmen müssen jdm wurde gekündigt

ein alter **Hut** sein nichts Neues sein

so klein mit **Hut** sein eingeschüchtert sein; *oft in Verbindung mit der Geste, bei der Daumen und Zeigefinger eine kleine Größe zeigen*

den **Hut** vor etw. ziehen vor einer Leistung Respekt haben

J

Das ist **Jacke** wie Hose. Das ist völlig egal.

für kleine **Jungs** (Mädchen) müssen auf die Toilette müssen

K

jdn **kalt** lassen etw. interessiert oder berührt einen nicht

etw. auf die hohe **Kante** legen sparen

Käse sein etw. ist Unsinn

jdn zur **Kasse** bitten in Rechnung stellen; von jdm Geld verlangen

die **Kasse** klingelt / die **Kassen** klingeln es wird viel Geld verdient

knapp bei **Kasse** sein wenig Geld haben

ein tiefes Loch in die **Kasse** reißen für etw. viel zahlen müssen

etw. auf dem **Kasten** haben etwas können, fähig sein

einen **Kater** haben nach zu viel Alkohol Kopfschmerzen haben

Wenn die **Katze** aus dem Haus ist, tanzen die Mäuse auf dem Tisch. Wenn der Chef nicht da ist, macht jeder, was er will.

die **Katze** aus dem Sack lassen ein Geheimnis verraten; einen Plan, den man bisher verschwiegen hat, bekannt machen

die **Katze** im Sack kaufen etw. kaufen, ohne es vorher gesehen/geprüft zu haben

wie die **Katze** um den heißen Brei schleichen über etwas reden, ohne zur Sache zu kommen

für die **Katz** *salopp* umsonst sein; nichts nützen

wie Hund und **Katz(e)** sein ständig streiten, sich nicht vertragen

Katzensprung nicht weit weg, geringe Entfernung

Katzenjammer schlechte Stimmung; fürchterliche Musik

Katzenmusik fürchterliche Musik

abgehen wie Schmidts **Katze** *salopp* schnell/ rasant sein

auf den **Keks** gehen etw. oder jd stört sehr

zum Lachen in den **Keller** gehen keinen Humor haben

Leichen / eine Leiche im **Keller** haben etwas Schlimmes/Kriminelles in der Vergangenheit getan haben, was noch nicht entdeckt wurde

die **Kirche** (mal) im Dorf lassen man will eine Sache nicht übertreiben / eine Sache nicht wichtiger machen als sie ist

arm wie eine **Kirchenmaus** sein sehr arm sein

mit jdm ist nicht gut **Kirschen** essen jd ist unfreundlich; es ist nicht angenehm, mit ihm zusammen zu sein

Klappe zu, Affe tot eine Sache ist zu Ende

zwei Fliegen mit einer **Klappe** schlagen zwei Ziele auf einmal erreichen

Kleider machen Leute. Gut gekleidete Menschen wirken positiv.

klipp und klar etw. sehr deutlich sagen

klar wie **Kloßbrühe** *scherzhaft* ganz klar und eindeutig sein

etw. übers **Knie** brechen etw. erzwingen, zu schnell und zu viel wollen

viele **Köche** verderben den Brei wenn sich zu viele Leute gleichzeitig um eine Sache kümmern, kommt oft nichts Gutes dabei heraus

Das macht den **Kohl** (auch) nicht (mehr) fett. darauf kommt es nicht an; das nützt auch nichts (mehr)

Kohle machen viel Geld verdienen

einen **Korb** bekommen von jdm abgelehnt werden

jdm einen **Korb** geben eine Person ablehnen, die einen mag und Kontakt sucht

der Hahn im **Korb** sein der einzige Mann in einer Gruppe von Frauen sein

Von nix **kommt** nix. Wer nichts tut, bekommt auch nichts.

den **Kopf** in den Sand stecken die Realität nicht sehen wollen

den **Kopf** verlieren panisch und unkontrolliert handeln

den **Kopf** hängen lassen traurig und ohne Hoffnung sein

sich auf den **Kopf** stellen *scherzhaft* egal, was man tut, man kann nichts daran ändern

sich den **Kopf** zerbrechen intensiv nachdenken

sich etw. durch den **Kopf** gehen lassen sich etw. gut überlegen

jdm raucht der **Kopf** angestrengt nachdenken oder lernen

jdm den **Kopf** verdrehen *scherzhaft* jdn verliebt machen

jdm den **Kopf** waschen *salopp* jdm seine Meinung sagen, ihn schimpfen

einen kühlen **Kopf** behalten ruhig bleiben

mit dem **Kopf** durch die Wand kompromisslos seinen Willen durchsetzen

nicht auf den **Kopf** gefallen sein klug oder geschickt sein

(k)ein Dach über dem **Kopf** haben (k)eine Unterkunft haben

jdm fällt die Decke auf den **Kopf** sich in einem Raum / zu Hause nicht mehr wohlfühlen

das ganze Haus auf den **Kopf** stellen intensiv nach etw. suchen

Nicht lang schnacken, **Kopp** in Nacken. *Dialekt* Nicht nur reden, sondern etwas machen. Trinkspruch: Aufforderung, nicht viel zu reden, sondern Schnaps oder ein anderes alkoholisches Getränk zu trinken

Ein blindes Huhn findet auch mal ein **Korn**. Auch dem Unfähigen gelingt mit Glück einmal etwas.

krebsrot sein eine rote Haut haben, da man einen Sonnenbrand hat

drei **Kreuze** machen froh sein, dass etw. vorbei ist

in Teufels **Küche** kommen große Probleme bekommen

eine ruhige **Kugel** schieben sich nicht sehr anstrengen

etw. geht auf keine **Kuhhaut** etw. ist schlimm/ zu viel/unerträglich

kürzertreten sparen

L

zum **Lachen** in den Keller gehen keinen Humor haben

sanft wie ein **Lamm** ruhig und geduldig sein

kein **Land** sehen nicht glauben, dass man seine Arbeit / Aufgabe schaffen kann

jdm ist eine **Laus** über die Leber gelaufen jd ist schlecht gelaunt

Das **Leben** ist kein Ponyhof! Das Leben macht nicht nur Spaß.

Das **Leben** ist kein Wunschkonzert. Das Leben macht nicht nur Spaß.

die beleidigte **Leberwurst** spielen beleidigt sein

Leichen / eine **Leiche** im Keller haben etwas Schlimmes/Kriminelles in der Vergangenheit getan haben, was noch nicht entdeckt wurde

grünes **Licht** geben etw. erlauben/genehmigen

Liebe geht durch den Magen. Seinem Liebsten/ seiner Liebsten kocht man etw. besonders Leckeres.

Liebe macht blind. Wenn man verliebt ist, sieht man die Fehler und Schwächen der Person nicht, in die man verliebt ist.

ein tiefes **Loch** in die Kasse reißen für etw. viel zahlen müssen

jdm **Löcher** in den Bauch fragen *scherzhaft* jdn viel fragen

mutig wie ein **Löwe** sehr mutig sein

Lügen haben kurze Beine. Es lohnt sich nicht, zu lügen, denn meistens kommt die Wahrheit heraus.

lügen wie gedruckt lügen, ohne damit Probleme zu haben

von **Luft** und Liebe leben *scherzhaft* ohne existenzielle Basis leben; wenig essen

in die **Luft** gehen *salopp* explodieren, wütend werden

sich in **Luft** auflösen *scherzhaft* verschwinden

die **Luft** anhalten *salopp* aufhören zu schimpfen

etw. liegt in der **Luft** alle fühlen, dass etwas kommt

Luftschlösser bauen unrealistische Pläne machen

M

wie die **Made** im Speck leben im Überfluss leben; gut leben

Liebe geht durch den **Magen**. Seinem Liebsten/ seiner Liebsten kocht man etw. besonders Leckeres.

jdm Honig ums **Maul** schmieren jdm schmeicheln/ nette Dinge sagen, um ihn günstig für sich zu stimmen

aus die **Maus** es ist vorbei

eine graue **Maus** sein eine unauffällige Person sein

Wenn die Katze aus dem Haus ist, tanzen die **Mäuse** auf dem Tisch. Wenn der Chef nicht da ist, macht jeder, was er will.

Mäuschen spielen heimlich zuhören

jdn auf den **Mond** schießen *scherzhaft* auf jdn sehr wütend sein und ihn nicht mehr sehen wollen hinter dem **Mond** leben *abwertend* nicht gut informiert oder modern sein

Morgenstund hat Gold im Mund. Man beginnt am besten morgens mit der Arbeit.

aus einer **Mücke** einen Elefanten machen sehr übertreiben

Mumpitz Quatsch, Unfug, Blödsinn

schlafen wie ein **Murmeltier** fest und lange schlafen

kein Blatt vor den **Mund** nehmen ohne Rücksicht die Wahrheit sagen

nicht auf den **Mund** gefallen sein gute, schlagfertige Antworten geben können

von der Hand in den **Mund** leben das ganze Geld für das normale Leben ausgeben

Watt **mutt**, dat mutt. *Dialekt* Man muss machen, was man machen muss.

N

Nachtigall, ick hör dir trapsen. *Dialekt* wissen, was jd vorhat; merken, worauf die Sache hinausläuft

etw. an den **Nagel** hängen etw. zukünftig nicht mehr machen wollen

etw. brennt mir auf/unter den **Nägeln** etw. ist dringend und wichtig

sich eine goldene **Nase** verdienen großen Gewinn machen; sehr viel Geld verdienen

sich an seine eigene **Nase** fassen selbstkritisch sein, bevor man andere kritisiert

seine **Nase** in etw. stecken *abwertend* neugierig sein, auch bei Dingen, die einen nichts angehen

Nesthäkchen der/die Jüngste (und meist verwöhnteste) unter Geschwistern

eine harte **Nuss** zu knacken haben eine schwierige Aufgabe / ein schweres Problem lösen müssen

O

die **Ohren** steif halten *scherzhaft* optimistisch weitermachen, auch wenn etw. schwierig ist

jdn übers **Ohr** hauen *salopp* jdn betrügen

viel um die **Ohren** haben *salopp* viel zu tun haben

jdm einen Floh ins **Ohr** setzen in jdm einen Wunsch wecken

das stille **Örtchen** Toilette

P

jdn auf die **Palme** bringen jdn provozieren / wütend machen

ein **Pechvogel** jd, der oft Pech hat

jdn in die **Pfanne** hauen *salopp* jdn hart kritisieren/zurechtweisen

bleiben, wo der **Pfeffer** wächst *salopp* verschwinden, fernbleiben

aufs falsche **Pferd** setzen eine falsche Entscheidung treffen; die Lage falsch einschätzen

das beste **Pferd** im Stall der beste Mitarbeiter, die beste Mitarbeiterin

die **Pferde** scheu machen unnötige Unruhe verbreiten, für Unruhe sorgen

in die **Pötte** kommen jd wird aufgefordert, sich zu beeilen

sich **pudelwohl** fühlen sich sehr wohl fühlen

ein wunder **Punkt** ein Thema, ein Bereich, über den man nicht sehr gerne spricht

ohne **Punkt** und Komma reden ohne Pause reden

in die **Puschen** kommen sich in Bewegung setzen

R

Rabeneltern schlechte Eltern

den **Rahmen** sprengen über das Geplante/Übliche hinausgehen die **Ratten** verlassen das sinkende Schiff *abwertend* unzuverlässige Leute wollen bei Schwierigkeiten sofort nicht mehr mitmachen

auf **Regen** folgt Sonnenschein nach schlechten Zeiten kommen wieder gute Zeiten

jdn im **Regen** stehen lassen jdm in einer schwierigen Situation nicht helfen

vom **Regen** in die Traufe kommen die schlechte Situation hat sich weiter verschlechtert

aus der **Reihe** tanzen verschieden sein, auffallen und nicht in die Ordnung, die da ist, passen

wie ein **Rohrspatz** schimpfen laut und aufgeregt schimpfen

(nicht) **rosig** aussehen (nicht) erfreulich / positiv sein

sich die (besten/größten/dicksten) **Rosinen** herauspicken sich von etwas das Beste nehmen/aussuchen

ans **Ruder** kommen an die Macht kommen, die Führung übernehmen

aus dem **Ruder** laufen etw. kann nicht mehr kontrolliert werden

jdm läuft es eiskalt den **Rücken** runter Angst bekommen, sich sehr erschrecken

jdm in den **Rücken** fallen jdn verraten, unerwartet jdn angreifen

S

die Katze aus dem **Sack** lassen ein Geheimnis verraten; einen Plan, den man bisher verschwiegen hat, bekannt machen

die Katze im **Sack** kaufen etw. kaufen, ohne es vorher gesehen/geprüft zu haben

Da/Jetzt haben wir den **Salat**! *ironisch* Ausruf, wenn etw. nicht klappt oder wenn das erwartete Unangenehme da ist

das **Salz** in der Suppe das eigentlich Interessante an einer Sache

jdn mit **Samthandschuhen** anfassen jdn übertrieben vorsichtig behandeln

wie eine gesengte **Sau** fahren sehr schnell fahren

die **Sau** rauslassen wild feiern

in **Saus** und Braus leben ein Luxusleben führen

das schwarze **Schaf** sein unangenehm auffallen; ein Außenseiter sein

sich in **Schale** werfen sich schick anziehen

nach **Schema** F immer gleich

die Ratten verlassen das sinkende **Schiff** *abwertend* unzuverlässige Leute wollen bei Schwierigkeiten sofort nicht mehr mitmachen

Schiffbruch erleiden Misserfolg haben

die **Schotten** dichtmachen mit etw. Schluss machen oder über etw. nicht sprechen wollen

falsch wie eine **Schlange** Person, die als falsch/ hinterhältig gilt

Schlange stehen anstellen und warten

auf dem **Schlauch** stehen etw. gerade nicht verstehen

Schmetterlinge im Bauch haben verliebt sein

langsam wie eine **Schnecke** sehr langsam sein

Schnee von gestern nicht mehr aktuell

schnurstracks direkt; auf kürzestem Weg

eine **Schnute** ziehen unzufrieden oder schlecht gelaunt gucken

nicht alle Tassen im **Schrank** haben *salopp* verrückt sein

jdm etw. in die **Schuhe** schieben jdm zu Unrecht die Schuld geben

jdm die kalte **Schulter** zeigen jdn ignorieren, nicht freundlich sein

eine **Schwalbe** macht noch keinen Sommer ein einzelnes positives Ereignis sollte nicht überbewertet werden; ein positiver Einzelfall, bedeutet nicht, dass sich die gesamte Situation bessert

sich **schwarz** ärgern sich total ärgern

etw. **schwarz** auf weiß haben etw. schriftlich haben

warten bis man **schwarz** wird umsonst auf jdn warten

ins **Schwarze** treffen genau das Richtige sagen oder tun

schwarzfahren ohne Fahrschein fahren

schwarzarbeiten arbeiten und keine Steuern und Sozialabgaben bezahlen

alter **Schwede** Ausdruck für Überraschung oder als Begrüßung

kein **Schwein** *salopp* niemand

Schwein haben Glück haben

ein **Schweinegeld** kosten *salopp* sehr viel kosten

ein Herz und eine **Seele** sein sehr eng befreundet oder verbunden sein

den Wind aus den **Segeln** nehmen jdm die Argumente nehmen

die **Segel** streichen aufgeben, kapitulieren

weggehen wie warme **Semmeln** sich besonders schnell und gut verkaufen lassen

(überall) seinen **Senf** dazugeben (ungefragt zu allem) seine Meinung sagen / seinen Kommentar geben

eine Schwalbe macht noch keinen **Sommer** ein einzelnes positives Ereignis sollte nicht überbewertet werden; ein positiver Einzelfall, bedeutet nicht, dass sich die gesamte Situation bessert

auf Regen folgt **Sonnenschein** nach schlechten Zeiten kommen wieder gute Zeiten

Frag nicht nach **Sonnenschein**. *salopp* Darüber möchte ich nicht sprechen, weil es sehr unangenehm ist.

wie die Made im **Speck** leben im Überfluss leben; gut leben

mit jdm **spinnefeind** sein jdn gar nicht mögen

das beste Pferd im **Stall** der beste Mitarbeiter, die beste Mitarbeiterin

der Apfel fällt nicht weit vom **Stamm** *scherzhaft* jemand ist in seinem Verhalten den Eltern sehr ähnlich

sich aus dem **Staub** machen heimlich verschwinden

jdm fällt ein **Stein** vom Herzen man ist erleichtert und von einem großen Problem befreit

für jdn die **Sterne** vom Himmel holen bereit sein, alles für jdn zu machen

nach den **Sternen** greifen Unmögliches wollen

unter einem schlechten/guten **Stern** stehen etw. nimmt einen schlechten/guten Verlauf

den **Stier** bei den Hörnern packen ein Problem anpacken und etwas dagegen tun; in einer schwierigen Lage entschlossen handeln

das Geld liegt auf der **Straße** das ist einfach verdientes Geld

gegen den **Strich** gehen etw. gefällt mir nicht

in **Strömen** gießen sehr stark regnen

etw. reißt/haut einen nicht vom Hocker/**Stuhl** etwas hat jdm nicht besonders gut gefallen, etwas hat jdn nicht positiv überrascht

sturmfrei haben *salopp* allein zu Hause sein und nicht durch die Eltern kontrolliert werden

die **Suppe** auslöffeln, die man sich eingebrockt hat die Folgen seines Tuns tragen

jdm in die **Suppe** spucken *salopp* Pläne von jdm verhindern

ein Haar in der **Suppe** finden an einer sonst guten Sache etwas entdecken, was einen stört

das Salz in der **Suppe** das eigentlich Interessante an einer Sache

T

den **Tag** im Kalender rot anstreichen ein Ereignis hervorheben tief in die **Tasche** greifen müssen viel Geld ausgeben/bezahlen müssen

jdm das Geld aus der **Tasche** ziehen hohe/überhöhte Rechnungen stellen; jdn dazu bringen viel Geld auszugeben

nicht alle **Tassen** im Schrank haben *salopp* verrückt sein

abwarten und **Tee** trinken Warten wir es ab! Es wird bestimmt nicht so schlimm! Hab Geduld!

sich seinen **Teil** denken sich seine eigenen Gedanken machen und diese nicht laut sagen

auf dem **Teppich** bleiben vernünftig bleiben und nicht übertreiben

etw. unter den **Teppich** kehren etwas nicht offen ansprechen

den **Teufel** an die Wand malen Unglück provozieren, indem man davon redet; etw. Negatives erwarten

in **Teufels** Küche kommen große Probleme bekommen

Tiefgang haben ernsthaft sein, tiefe Gefühle haben, sich viele Gedanken machen

ein hohes **Tier** eine mächtige/reiche Person

etw. unter den **Tisch** fallen lassen etwas verschweigen / nicht ansprechen

jdn über den **Tisch** ziehen jdn bei einem Handel betrügen

Tomaten auf den Augen haben *salopp, abwertend* etw./jdn nicht bemerken; übersehen, was eigentlich offensichtlich ist

rot wie eine **Tomate** werden ein rotes Gesicht bekommen, da einem etwas peinlich ist

(eine) treulose **Tomate** *scherzhaft* jd, auf den man sich nicht verlassen kann

auf dem **Trockenen** sitzen kein Geld / keine Reserven mehr haben; nichts mehr zu trinken haben

ein rotes **Tuch** (für jdn sein) eine Sache, die jdn ärgert oder provoziert

zwischen **Tür** und Angel schnell, im Weggehen; ohne große Aufmerksamkeit

mit der **Tür** ins Haus fallen sagen, was man will, ohne vorher etwas anzukündigen

keinen Fuß vor die **Tür** setzen nicht rausgehen

vor der **Tür** stehen etwas ist bald

jdn vor die **Tür** setzen jdm kündigen, jdn rausschmeißen

hinter verschlossenen **Türen** im Geheimen; nicht öffentlich

jdm stehen alle **Türen** offen jd hat gute Chancen für eine Karriere

U

Übung macht den Meister. Man muss viel üben, um Erfolg zu haben.

V

verflixt und zugenäht Ausdruck mit dem man schimpft

mal **verschwinden** müssen auf Toilette gehen

einen **Vogel** haben *salopp* verrückt sein

der **Vogel** ist ausgeflogen jd ist nicht da, wo er gesucht wird

Der frühe **Vogel** fängt den Wurm. Wer sich frühzeitig bemüht, hat größere Erfolgsaussichten.

etw. auf **Vordermann** bringen etw. in Ordnung bringen; aufräumen

W

Wer die **Wahl** hat, hat die Qual. Bei viel Auswahl kann man sich oft schwer entscheiden.

etwas an/gegen die **Wand** fahren bei etw. einen Misserfolg haben

den Teufel an die **Wand** malen Unglück provozieren, indem man davon redet; etw. Negatives erwarten gegen eine **Wand** reden vergeblich versuchen, bei jdm etw. durch Reden zu erreichen; sich nicht durchsetzen können

mit dem Kopf durch die **Wand** kompromisslos seinen Willen durchsetzen

sich **warm** anziehen müssen sich auf eine schwierige/unschöne Aufgabe einstellen müssen

mit jdm **warm** werden sich mit jdm anfreunden, eine Beziehung zu jdm aufbauen

auch nur mit **Wasser** kochen auch keine besonderen Ideen haben / Wunder vollbringen

sich über **Wasser** halten gerade so viel Geld haben, dass es für das Nötigste reicht

mit allen **Wassern** gewaschen sein mit viel Erfahrung und schlau handeln, alle Tricks kennen

jdm steht das **Wasser** bis zum Hals jd hat finanzielle Schwierigkeiten

Blut und **Wasser** schwitzen große Angst haben, unter Stress stehen

wie ein **Wasserfall** reden viel und ohne Pause reden

auf den **Wecker** fallen/gehen etw. oder jd stört sehr

weiße **Weihnachten** Weihnachten mit Schnee

jdm reinen/klaren **Wein** einschenken jdm die Wahrheit sagen, auch wenn sie unangenehm ist

hohe **Wellen** schlagen etw. bekommt viel Aufmerksamkeit

nicht die **Welt** kosten nicht viel kosten

eine weiße **Weste** haben nichts gemacht haben, was rechtlich nicht in Ordnung ist

Wo ein **Wille** ist, ist auch ein Weg. Wenn man etwas wirklich will, erreicht man es.

Wind von etw. bekommen etw. herausfinden, was geheim bleiben soll

durch den **Wind** sein verwirrt, durcheinander sein

frischen **Wind** in etw. bringen mit viel Energie etw. erneuern oder verändern

ein anderer **Wind** weht es gibt strengere Regeln, eine unfreundlichere Atmosphäre

etw. in den **Wind** schlagen einen guten Rat nicht beachten

viel **Wind** machen um etw. etwas wichtiger nehmen als es ist

wissen (oder Ähnliches), woher der **Wind** weht den wahren, negativen Grund für etw. erfahren

den **Wind** aus den Segeln nehmen jdm die Argumente nehmen

ein **Wink** mit dem Zaunpfahl ein indirekter aber deutlicher Hinweis

mal **wohin** müssen auf Toilette müssen

auf **Wolke** sieben schweben verliebt und glücklich sein

aus allen **Wolken** fallen völlig überrascht und enttäuscht sein

ein gutes **Wort** für jdn einlegen sich für jdn einsetzen

das letzte **Wort** haben so lange immer wieder etw. sagen, bis der andere nichts mehr sagt

Wort halten ein Versprechen einhalten

jdn beim **Wort** nehmen sich auf eine Aussage verlassen und jdn eventuell daran erinnern

kein **Wort** über etw. verlieren nicht über eine bestimmte Sache sprechen

man kann sein eigenes **Wort** nicht verstehen es ist so laut, dass man sich nicht unterhalten kann

jdm jedes **Wort** (einzeln) aus der Nase ziehen jd gibt nur Auskunft und erzählt, wenn man ihn fragt

in etw. ist der **Wurm** drin etw. ist nicht so, wie es sein soll

Der frühe Vogel fängt den **Wurm**.
Wer sich frühzeitig bemüht, hat größere Erfolgsaussichten.

vor **Wut** kochen sehr wütend sein

es geht um die **Wurst** gewinnen wollen / es ist wichtig, sich einzusetzen

jdm **wurst**/wurscht sein *salopp* egal sein

X

x-beliebig irgendein

Z

rote **Zahlen** / schwarze **Zahlen** schreiben
Verluste/Gewinne machen

einen **Zahn** zulegen *salopp* schneller machen

die **Zeche** prellen seine Rechnung nicht bezahlen

Haare auf den **Zähnen** haben *abwertend*
eine Frau, die gern streitet und aggressiv ist

Notizen